読者としての子ども

レクチャーブックス◆松岡享子の本 3

読者としての子ども

松岡享子 著

東京子ども図書館

東京子ども図書館では、設立四十周年記念事業として、二〇一四年から二〇一五年にかけて、「児童図書館の基本を学ぶ出張講座キャラバン」を、広島、宮城、新潟で、地元の団体との共催で行いました。本書は、キャラバンでの松岡享子理事長（当時）の講演を収録しています。

松岡さんは、二〇一五年に『子どもと本』（岩波新書）を上梓しました。この三つの講演では、そこに書ききれなかったこと、その後に考えたことなどにふれています。

もくじ

Ⅰ 読者としての子ども

この講演は、二〇一四年七月二十日、当館設立四十周年・広島県子どもの読書連絡会三十五周年記念として、広島国際会議場で行われました。

「こどもとしょかん」一四五号（二〇一五年　春）の再録です。

ひと月ほど前、わたしは、日本図書館協会が主催する児童図書館員養成専門講座で講師の役をつとめました。この講座は、ある程度図書館での児童サービスの経験がある人を対象に、もう三十年以上もつづいている講座で、今回わたしが担当したのは、「児童図書館員の仕事」という、いわば概論の部分でした。

今年度の受講生は、全部で十六名。わたしは、その人たちに前もって課題を出し、「子ども」ということばを聞いたら、パッと思い浮かぶことばを十、書いてきてくださいとお願いしておきました。選書だのお話だのと目の前の個々の仕事に注意がとられてしまう前に、自分たちが相手にする「子ども」とはいったい何者なのか、ちょっと抽象的になるかもしれないけれど、一度そこをしっかり考えてみるのもおもしろいし、大事ではないかと思ったからです。

みなさんは、「子ども」と聞いたとたん、どんなことばが頭に浮かびますか？　「かわいい」とか「いとしい」とか、「可能性」とか「希望」とか、ということばが思い浮かんだでしょうか。今、反抗期にあるお子さんにてこずっていらっしゃる方は、「生意気」とか「にくたらしい」とかいうことばが先にあがってきたかもしれません。

講座では、ハガキ大の紙に、マジックで書いてきてもらった十のことばをテーブルの上に置き、似たことばは近くに置いて、かたまりをつくってみました。こうして整理すると、そこに、みんなが「子ども」をどう見ているか、子ども観とでもいうべきものが立ち現れてきます。最初にパッと浮かんだことばをあげるので、思いつきといいますか、深く考えて選んだことばではありませんが、直感的なものであるだけに、かえってそこから子どもの本質が見えてくるともいえます。

さて、このとき、いちばん多くあがってきたことばは、なんだったとお思いですか？それは、「無邪気」でした。これに「純粋」とか「純真」とか、「素直」とか「正直」とか、「あどけない」とか、近いものを合わせると、このかたまりが断然トップでした。どうでしょう、みなさんのお考えと一致しているでしょうか？

テーブルの上に広がったみんなの「子ども観」を前に、いろいろ話し合っているときに、ひとりの人がこんなことをいいました。「これを見ていると、どうやらみんなが子どもというときに頭にあるのは、幼い子どものようだ。もし、これが中学生とか高校生ということになると、思い浮かぶことばは、ずいぶん違ってくるのではないか。おそらく『無邪気』は一位にならないだろう。だとしたら、その変化はどこで、どのようにして起こるのか」というのです。これは、とてもおもしろい指摘だと思いました。いったいどこで無邪気は消えるのでしょう!?

子どもの反対におとなをおくとすれば、子どもの無邪気に対して、おとなは狡猾とか、功利的とか、猜疑心とかで対比されるのでしょうか。それではいくらなんでもひどいというなら、まあ、世間知とか、常識とか。うんとよい意味にとるとすれば、思慮分別とか、慎重とか、洞察力とかいうことになりましょうか。いずれにしても、無邪気は、おとなの場合には、「世間知らず」といったニュアンスを含めてやや軽蔑的に用いられることが多いのではないでしょうか。子どものときは積極的な価値として大いに評価されているのに。

わたしたちは、多大のエネルギーを注ぎこんで子どもを育てているわけですが、その結果が、無邪気で、無垢で、天真爛漫で、純粋で、正直で、あどけない人間を、不正直で不純とまではいわないけれど、世間知にたけた、雑念の多い、覇気のない、平凡な常識人に仕立てあげることであるとするならば、これはちょっと悲しいことだといわざるを得ません。でも、これは多分に事実です。どうやら、育っていく過程のどこかで、わたしたちは、子どものときにもっていた〝いいもの〟を捨ててしまうものらしいですね。

赤ちゃんが生まれたとき、わたしたちが大喜びするのは、このことを知っていて、わたしたちおとなは、どこかに大事なものを置き去りにして年をとってしまったけれど、どうかこれから大きくなるあなたはすばらしい人になってください。わたしたちは、あなたに希望を託します、といっていることかもしれません。

実際、インドの詩人、タゴールは、「どの赤ん坊も、神がまだこの世に絶望していないというメッセージをたずさえてやってくる」といっています。

現在のように、世界が大きな問題をたくさん抱えていて、みんなが先行きに不安を感じているときはなおさらです。地球温暖化だの、エネルギーの枯渇だのといった世界規模の問題に加えて、ある地域では人口の増加、別の地域では急速な減少が迫り、各地に民族や、宗教の対立や紛争が起き、核戦争の危険はなくなったわけでなく、テロの脅威は高まる一方……と、目の前は、むずかしいことばかり。すぐには解決しそうにない問題に取りかこまれていると、意識していようといまいと、だれしも閉塞感を感じてしまいます。

でも、将来、だれかが原子力に代わる安全で安価なエネルギー源を発見するのではないか、だれかが紛争を解決する方法を見出すのではないか、とかすかな望みをつなぐ。でも、それには、人間がもっともっと賢くならなければだめ。だから、今のおとなでは無理。これから育つ若い人に望みをつなぐしかない、という心境ですね。おとなとしては、少々無責任といわれても仕方ありませんが。

とはいえ、閉塞感や不安を感じ、元気とはいえない状態にあっても、わたしたちおとなは、目の前に子どもがいると、この子たちのために頑張らなきゃという気持ちにさせられるものです。そういう意味で、わたしたちは、子どもに助けられ、支えられて生きているのだといえるかもしれません。

ところで、先ほどの講座の話に戻りますが、図書館員の集まりであるにもかかわらず、このとき、みんなのあげたことばのなかに、子どもの読書に関わるもの、たとえば、空想力、想像力、直感などといったことばがひとつも出てきませんでした。これはちょっとふしぎでした。どうしてだろう、と気になって、そのあと、自分であれこれ考えているうちに、わたしのなかで「読者としての子ども」というテーマが立ちあがってきました。

子どもを読者として見た場合、どんなことがいえるのだろう？　どんな特徴が見られるのだろう？　子どもの本の読み方は、おとなのそれとどんな点で違っているのだろう？　字が読めない子どもも、読者といえるのだろうか？　だって、あんなに絵本をたのしむのだから、立派な読者じゃないか。などなど、いろんな問いが、頭のなかでぐるぐるまわりはじめました。

わたしは、もうずいぶん長く実際の子どもとふれる現場から離れてしまっていて、今は、実際に児童室で子どもたちと本を読んでいる若い職員の人たちから話を聞くだけになってしまっておりますが、駆け出しのころ、アメリカや、大阪の図書館、自分の家で開いた文庫などで体験したことからいっても、子どもは読者としては、なかなかのものだという気がします。おとなの読者のもっていない能力をもっているし、読書によって本から何かを得るという点では、おとなよりよっぽど立派な、いい読者ではないかと思うのです。

そこで、今日は、ちょっとわたしにおつき合いいただいて、読者としての子どもについて、また、子どもの本の読み方の特徴について、わたしの考えたところを聞いていただこうかと思います。

まず、さっきもいいましたが、生まれて最初の数年間は、子どもは、字が読めない読者であるということ。字が読めないのに読者というのは矛盾しているように思われるかもしれませんが、読むという行為をことばから何かを得てくる、ことばを通して何かを受け取る、ということだと考えますと、お話を聞いたり、本を読んでもらったりしている子どもは、立派な読者といっていいと思います。わたしたちは、常日頃から「お話は耳からの読書だ」といっています。そして、目から活字を通してことばを受け入れる以前に、耳から声を通してことばを聞くのは、とても大事なことだと信じ、せっせと本を読んでやり、お話をしてやっているのです。

ところで、読者としての子どもを考えるときに、この字が読めないということは、とても大事なことのように、わたしには思えるのです。絵本のなかには字のない絵本というのがありますね。そういう本を子どもと一緒に開きますと、こちらの顔を見て、何か促すような仕草をします。それで、絵を見ながら、こちらが何かいってやると、それに応えて自分も何かいったりして、そうやって絵本のなかに入っていく。わたしがことばを発しないと、ことがはじまらない、という感じがするんですよね。

ふつうの絵本の場合もそうです。最初のページを開いて、「あるところに、真っ黒なねこがいました」とかなんとか、読みはじめると、そのことばを合図に物語が立ちあがってくるのです。子どもに本を読んでやっていると、そんな感じがしてならないのです。ことばに、そこにないものを立ちあげる力がある——まるで呪文のように。ことばには本来、そういう力があったというか、人はことばにそういう力があると信じていたのだと思います。

聖書の創世記にも、冒頭に「神光あれと言たまひければ、光ありき」とあります。「開けゴマ！」もそうですし、「ちいさなおなべや、にておくれ」もそうですよね。ことばを発すると、その通りのことが起こる。

字の読めない子は、このことばのもつ力といいますか、ことばの魔法を信じているように思えるのです。ことばへの無条件の信頼とでもいうのでしょうか。もっと大げさにいえば、ことばへの畏怖の念といいましょうか。わたしには、これがとても大切に思えます。ことばの力といいますが、字の読めない時期に、子どもがこうして、ことばへの基本的な信頼感をもつことが、ことばの力の土台をつくるように思えるからです。

残念なことに、字が読めるようになった子どもからは、ことばをふしぎなものと感じる気持ちとか、畏れる態度といったものは失われるように思います。ことに幼くして字を憶えてしまった子は、字が読めることで、何かことばを自分の支配下においたというか、与《くみ》し易しと思っているような態度を見せます。そういうのを見ると、もったいないなぁ、という気がしてなりません。

字が読めるようになると、ことばのもつふしぎな力への尊敬がなくなると同時に、聞く力も急速に失われていきます。これも、また、とても残念なことです。みなさんもよくご承知のことですが、小さい子に絵本を読んでやると、すぐにことばを憶えます。一度読んでやっただけなのに、つぎに読んだとき間違うと、パッと指摘する。

このあいだ、おもしろい話を聞きました。あるお母さんが子どもに絵本を読んでやっていて、眠くて間違えたのだそうです。もう何日も読んでいる本だったので、もちろん、子どもはすぐ間違いを指摘したのですが、その間違いが気に入ったらしくて、翌日、「昨日と同じように読んで」といったというのです。お母さんのほうは、どんなふうに読んだか、もう憶えていないというのに！

一度聞いたことばをはっきり心に刻む能力。これも、字を憶えると、それと引き換えに失う能力のようです。昔の人は、字は読めなかったかもしれないけれど、というよりは、字が読めなかったからこそ、聞いたことは、しっかり憶えていることができました。伝承の語り手が、五十も六十も、あるいは人によっては何百もの物語を憶えているのはよい例ですし、無文字社会では、歴史は、語り聞き、記憶することで伝えられてきたのです。

わたしは、あるとき、山形の伝承の語り手である川崎みさをさんという方と知り合いました。そして、その語りを聞かせていただいたのですけれど、そのとき、「お返しにあなたもひとつ」と請われて、お話をしたのです。そのひとつが、エチオピアの昔話「とんだぬけさく」でした。ちょっと頭の足りない男が、生まれた子どもに名前をつける段になって、おかみさんと意見が合わず、えらい坊さんに名づけ親になってもらおうと、坊さんの住む洞穴をたずねていくという話です。

みさをおばあちゃんにこの話をしてから一年くらいたってからでしょうか、もう一度おばあちゃんにお会いする機会がありました。そうしましたら、「あんたのしてくれた話はとてもおもしろかったから、あれから、みんなにしてやってるんだよ」というのです。実際、語ってくれたのですが、わたしのことばとほとんど一言一句違わないくらいなんです。たった一度聞いただけなのに。ほんとうに驚きました。

わたしの友人に、アン・ペロースキーという人がいます。ニューヨークのユニセフの児童センターの所長をしていた方で、何ヵ国語も自由に操り、世界の各地でお話、ストーリーテリングがどのように行われているかを研究なさって、立派な本をお書きになっている方です。その方からうかがったのですが、アフリカの各地で、今でも、おとなも子どもも一緒にお話をたのしんでいる地域では、五歳、六歳の子どもでも、「語ってごらん」といわれれば、すぐ、ひとつやふたつ、物語を語ることができる。ところが、その子たちが、学校に通うようになると、とたんに語れなくなってしまうというんです。ふしぎですね。字を憶えるチャンネルと、耳でことばを聞くチャンネルとは、頭のなかで別のものなのでしょうか。

字というものを知らなかった時代には、ほんとうは、わたしたちみんな、耳から入ったことばをしっかりとらえる力をもっていたのかもしれません。それなのに、もうそれができなくなったなんて、惜しいですね。

今日の社会では、文字を学ばずに生活することはできません。世界には、まだまだ非識字者がいて、その人たちは、字が読めないことで、多大な不利益をこうむっています。そして、各国の政府もユネスコのような国際機関も、識字教育のために全力をあげています。でも、字を憶えることによって、失われる能力がある。もっと正確にいうと、それ以上に伸びるための刺激を受けなくなって、そこで成長が止まってしまう能力がある、といったらいいのでしょうか。そういうことにも注目する必要があると思います。

できれば、字が読めるようになった人たちにも、お話や朗読を聞く機会が十分与えられて、聞くたのしみとともに、聞く能力も伸ばせるようにしたいものですね。

読者としての子ども

字によらず音によってことばを受け入れている時期の子どもたちは、また、ことばのなかにある音楽をたのしむ能力において、おとなより勝っているように思います。おとなはことばを聞くと、まず意味を考えてしまいますが、その癖がまだついていない子どもは、ことばをまず音として聞いて、そのおもしろさや美しさに、むしろおとなよりずっと敏感に反応します。

『かばくん』という絵本がありますね。そのつづきに『かばくんのふね』というのがあります。昔、まだ学校に行っていない子どもに、その本を読んでやっていたときのこと。なかに「どうぶつえんに　あめがふる　あまい　あまい　あめがふる」という一節があるんですね。わたしは、別になんにも思わず読んでいたのですけれど、それを聞いた子どもが、「あまい、あまい、あめだって！」と、手をたたいて喜んだのです。

考えてみれば、「あまい」の「あ」は、母音のなかでもいちばん開放的な、明るい音です。「あまい」の「ま」、「あめ」の「め」の「m」の音は、唇を閉じて、音が鼻に抜けるやわらかな音です。それがふたつ、重なってくり返されるのは、耳に、確かに快く響きます。わたしは、読みながら、そのことに少しも注意を払っていませんでした。でも、子どもはいち早くその快さを感じとり、その音をくり返してたのしんだのです。

岡本夏木先生の『子どもとことば』＊のなかにも、一歳九ヵ月の子どもが、「オーキイワンワン・ワンワンユワヘンワ」といい、自分でいったことばの音のおもしろさをたのしんでいる様子が記録されています。

わたしたちが、赤ちゃんにわらべうたをすすめるのは、こういうふうに音をたのしむ能力が高いうちに、韻律のあることばをたくさん耳の底に蓄えてほしいと願うからですし、実際、子どもたちは、わらべうたや、リズムのいい詩をほんとうに喜びます。調子のいいことばにはからだ全体で反応しますよね。

うれしいことに、近年、谷川俊太郎さんの『ことばあそびうた』をはじめ、音のたのしさを軸にした子どものための詩がたくさん出版されるようになりました。「かっぱかっぱらったかっぱらっぱかっぱらったとってちってた」や「はなののののはなはなのなあに、なずななのはななもないのばな」などの作品は、おそらく子どもの読者のほうが、音の響きをからだに深くしみこませてたのしんでいるのではないでしょうか。

ことばを音でたのしむことから、ちょっと足を伸ばすと、ナンセンスの世界に入ります。ナンセンスをたのしむ能力にかけても、子どもはおとなに負けていません。こんなのはどうでしょう。

ひねくれおとこがおりまして　ひねくれみちをあるいてた
ひねくれかきねのきどのそば　ひねくれおかねをひろってね
ひねくれねずみをつかまえたひねくれねこを　てにいれて
ちいさなひねくれあばらやに　そろってすんだということだ

（谷川俊太郎訳）

これはイギリスのわらべうた、マザーグースのなかの一編です。わたしは、韓国で、すてきな語り手の方が、ご自分でこの詩を韓国語に訳したのを、語って、というか歌ってくださったのを聞いたことがあります。子どもたちがキャッキャッと声を立てて笑っていたのが忘れられません。意味からいうと、なんにもないようなこんなわらべうたが、なぜこんなにおかしみを引き起こすのでしょう？　また、なぜ子どもたちが、この種のナンセンスに反応するのでしょう？

それは、子どもたちがセンス——分別とか、常識とか、因果関係など——を学びつつある時期だからと考えられます。これはお父さん、これはお母さん、これはおじいちゃん、これはおばあちゃん、とわかるようになった赤ちゃんに、わざと間違って、おじいちゃんを指してお母さんなどといってみせると、キャッ、キャッと喜びます。ナンセンスをたのしむためには、センスを身につけている必要があって、赤ちゃんの喜びようには、この人はおじいちゃん、この人はお母さんということがわかっていることが前提ですよね。子どもはそれがわかることに得意になっています。わかってるんだぞ、という優越感があることが、引っくり返したときのおもしろさを生んでいるのでしょう。

この世界には、こうしたらこうなるという決まりがあって、大きくなるということは、それらの決まりを知って、守らなくてはならないということですね。でも、子どもたちは、分別や常識がじわじわと自分たちを狭い世界に閉じこめようとしていることを、本能的に感じて、それに抵抗しようとしているのではないかと思います。自分たちにはめられる枠を取っ払おうとするエネルギー、それが、ナンセンスを喜ぶことに表れているのです。物を落としたら割れるといった物理的な法則から、保育園や学校で守らなければならない規則まで、あれはだめ、これは無理ということが、子どもたちを締めつけにかかってきます。従わなくてはならないことは、承知しているけれど、もし、その常識が覆ったら、おもしろいだろうなという気持ちがどこかにある。それは健康な証拠です。その感覚は大事にする必要があると思います。

東京子ども図書館ができてからまだ三年めだったかと思いますが、作家の中野重治さんをお呼びして、当時、よく読まれていた日本の児童文学作品のいくつかを読んでいただいて、その感想をうかがったことがありました。そのとき、中野先生がおっしゃったことばが忘れられません。中野先生はお読みになった作品のほとんどを感心しない、とおっしゃって、「子供というものはもっと大きな可能性を持っているもので、非常にけちな人間に育たねばならん義理はないんだ……どんな可能性を持って生まれても、だんだん大きくなっていけばなかなかそれがすくすくと伸びていけない。まわりからよってたかっていじめられるんですから。それに耐えていくためには、子供のとき伸ばせるだけ伸びるものは伸びるようにやるのが大人のつとめだ……」*と、力説されました。

わたしは折にふれて、この、子供はけちな人間に育たなければならん義理はないんだということばをかみしめています。先生は、「子供にはもっと大ぼら話とか、大うその話とか、とんでもない話とか、欲張りがだまかされる話とか、そんな話を聞かせてやりたいですね」と、おっしゃっていました。

子どもは、ナンセンスをたのしむ能力があるだけでなく、というか、能力があるからこそ、というべきかもしれませんが、健康な笑いを誘うナンセンスな物語を要求しています。そういう物語をたっぷりたのしんで、中野先生のおっしゃるように、精神の柔軟性を伸ばせるときに伸ばせるだけ伸ばすのが、たくましさと逆境に耐える力になるのだと思います。

さて、ここまで、子どもは読者としてはなかなかのものだというお話をしてきました。

ことばのもっている、何もないところに何かを立ちあげてくるふしぎな力を信じる力があるということ。耳から聞いたことばを心に刻む力があるということ。ことばのなかにある音楽に敏感であるということ。意味の束縛からことばを解放して、音としてとらえることから、ナンセンスを喜ぶセンスがあるということ。おとなたちが失ってしまった、あるいは鈍らせてしまった感覚や能力をもっていることは、子どもを大きな可能性をもつ読者にしています。

それに加えて、もっと大きな意味をもつのが、子どもの空想力。わたしは、ここで空想力ということばを、想像力よりもっと桁外れの、突拍子もないことまで想像できる力の意味で使っています。子どもにはその空想力がある。しかも、現実と空想を自由に往き来する力もある。これはすばらしいことですね。おとなのように、話がちょっとでも現実から離れると、心にブレーキがかかるということがない。子どもは、お話のなかに、ものをいう動物が出てきても、空飛ぶ絨毯が出てきても、異議を唱えることをしません。

これは、現実と空想の区別がつかないというのとは違います。ある人がおもしろいことをいっていました。子どもは、現実と空想の違いを知っていて、それでも空想の世界をあたかも現実であるかのようにたのしむ能力をもっている。そこがすばらしい、と。その証拠に、子どもが勇敢な王子になったつもりで、棒切れの刀を振りまわして、悪漢どもをバッタバッタとやっつけている最中でも、おかあさんが「ごはんですよー」と呼ぶと、ちゃーんと帰ってくる、って！

現実の世界から、そのままま っすぐ空想の世界へ入りこめる。〇〇になったつもりになれる。子どものこのすばらしい能力は、子どもの本の読み方の最大の特色を生み出します。それは、「主人公になったつもり」で読むということです。ちょっとむずかしいことばをつかえば、「主人公との一体化」です。これが、子どもの本の読み方が、おとなのそれとは違ういちばんの点です。

おとなは、ふつう、本と距離をおいて、いわば客観的に本を読みます。よほど強力な、スリルにあふれた物語でない限り、我を忘れて物語のなかに没頭するなどということはまず起こりません。

でも、子どもははじめから、本という架空の世界、空想のなかの出来事に、当事者として参加します。幼い子でいちばんよく見られるのは、絵のなかの食べ物を食べる真似をすることですよね。『ぐりとぐら』のかすてらの場面で、おいしそうにかすてらを食べる子どもがどんなに多いでしょう。しかも、一回きりではありません。本を読むたび、そのページにくるたび、待ってましたとばかり、かすてらを口に運んでご満悦です。

お話を聞いている子どもの様子を見ていても、それはわかります。ごちそうの場面で舌なめずりをしたり、主人公が危険な場所に近づこうとすると首をふったり……。昔、お話の時間で、「くしゃみくしゃみ天のめぐみ」を読んでやったことがありますが、最後の、結婚式の場面で、くしゃみのおっかあが大くしゃみをして、椿の花がいっせいに空に吹きあげられ、そのうちのひとつが花嫁の真っ黒い髪の上に落ちてきて、冠のようにのっかったというところで、ひとりの男の子が、たまたま手にもっていた閲覧票を頭の上でひらひらとさせたかと思うと、それを頭の上にのせ、でも、目はわたしからまったくそらさないで、おそらく自分がそんなことをしているとも意識しないまま、じっとお話に聞き入っていました。その子は、おそらく花嫁の頭の上にのった椿の花の重みを感じていたことでしょう。

主人公と一体化して読む、ということは、本のなかで主人公のすることを体験するということです。その意味で、本を読むことは、子どもにとって冒険なんですね。リリアン・スミスは、『児童文学論』*のなかで、子どもが絵本に求めているのは冒険ですといっていますが、絵本だけでなく、物語でも、ノンフィクションでさえ、子どもは、そこに自分の世界を広げてくれ、おもしろいことを体験させてくれる冒険を求めているのだと思います。そして、主人公になりきって読むことができる、子どもならではの能力の故に、おとなよりよっぽど深くその冒険をからだでたのしむことができるのです。

だれのことばかわかりませんが、人にとって意味のあるのは、十六歳までに読んだ本だけである、とどこかで読んだ記憶があります。なんの根拠で十六歳？　と思いますが、おそらくこのあたりが人間が自意識をもち、自分自身をもうひとりの自分が見る、ということができるようになる時期なので、そうなると、もう主人公とぴったり自分を重ねて、文字通り我を忘れて本を読むという読み方はできなくなると考えられます。その人のなかに深く入りこんで、からだごと動かすというような読み方をした本だけが、ほんとうにその人のものになるのだと、このことばを残した人はいいたかったのかもしれません。ともあれ、主人公になりきって読むというのは、いわば子どもにだけ許された特権だといえるのかもしれません。だからこそ、この特権のあるときに、おもしろい本をたっぷり読んでほしいと願わずにはいられません。

子どもの本の読み方の特徴といえば、もうひとつ、くり返し同じ本を読むということがありますね。これは、幼い子どもによく見られることです。読まされる親にしてみれば、「いい加減あきた」といいたくなることがあります。あまり同じ本がつづくので、うちの子は偏執狂じゃないかしら、といいだす親御さんもいるほどです。

くり返し読むのは、子どもは、本をただの情報として読むのでなく、先ほどもいったように冒険として読むからだと思います。そして、子ども自身が一日一日成長しているので、読むたびに新しい発見をしているからだと思います。

長野で幼稚園をしていらっしゃる方から、興味深いお話を聞きました。ちょうど幼稚園の年ごろの子どもたちに大人気の本に、ノルウェーの昔話『三びきのやぎのがらがらどん』がありますね。そして、この本は、すぐごっこ遊びに発展します。

この幼稚園でも例外ではなくて、絵本を読んだあと、子どもたちは何週間にもわたって、あきずに「がらがらどんごっこ」をしてたのしんだそうです。小さな平均台が橋に、そして、最初は男の園長先生がトロル役を仰せつかりました。ひとり、ちょっと気の弱い男の子がいて、この子は、最初トロルごっこに加わりませんでした。そのうちにみんなのたのしそうな様子に誘われて加わるのですが、はじめのうちは、いちばん小さいやぎのがらがらどんの役しかしませんでした。ところが、何日もたつうちに、中くらいのやぎになり、また何日かたつうちに、ある日、突然、大きいやぎのがらがらどんになる、と自分からいいだしたのだそうです。そして、驚くなかれ、とうとうトロルの役をやるようになったというのです。こうして、この子は、怖かったトロルを立派に乗り越えたのですね。

これは、ひとりの子どもの内面の大きな成長を、見事な形で見せてくれた例だと思いますが、同じ本をくり返し読んでいる子どものなかでは、きっとこのような変化、成長が起こっているのでしょう。同じ本を読んでいても、同じ読み方をしているわけではない。読むたびに、新しいおもしろさや意味を見つけているのです。また、くり返し読まれる本のなかには、それだけのおもしろさや意味がかくされているということでしょう。くり返しに耐える本は、それだけの魅力をもっているのです。

くり返し読みたい本に出会った子どもは幸せです。そうやって、いわば本をすみからすみまで味わいつくしたときには、本のもつ大事な栄養素が吸収され、文字通りその子の精神の血肉になっているのでしょうから。そして、そのとき、その子が必要としていた要素をすっかり吸収してしまうと、すっとその本から卒業するのですね。こんなふうに、子どもたちは、読者としていろんなすぐれた特徴をもっていて、しかも、独特の読み方をする。おとなより、むしろ立派な読者といえます。

読者としての子ども

最後に、これはあまりほかの人はいっていないことなのですが、わたしは、読者としての子どもには、もうひとつ、大事な特徴があると感じています。それは、表面の文字に表れたところを読むのでなく、底を流れているところに反応することです。こういうことをわたしに感じさせたのは、お話を聞いているとき、あるいは本を読んでもらっているときに子どもが示す姿です。

みなさんよくご存じのグリムのお話に「七羽のからす」というのがあります。わたし自身は、この話を語ったことはありませんが、数あるグリムの昔話のなかでも、これはもっともよく語られているものです。そして、語り手たちは、異口同音に、これは子どもがよく聞く、とおっしゃるんですね。しかも、小さい子もよく聞く、と。ある保母さんは、保育園で年中さんに語ったっていうんです。えっ、そんな小さい人に？　とびっくりしたのですが、ほんとに吸いこまれるようによく聞いたとおっしゃるんですね。

でも、これってふしぎじゃありません？　この物語の背景には、洗礼とか、洗礼を受けずに死ぬと天国に行けないとかいうキリスト教の文化があります。キリスト教国でない日本の、まだ生まれて四、五年しかたっていない子どもに、こういう背景がわかるでしょうか。それなのに、吸いこまれたように話を聞くというのはどういうことでしょうか。

ある種の話を聞いている子どもの様子を見ていると、子どもは、表面には理解できないことがたくさんあるのに、その物語を成り立たせている何か深いもの、それを、いわば本能的にキャッチしているんじゃないかという気がすることがあります。

ベッテルハイム博士が、『昔話の魔力』*で、昔話は、心の深層、つまり意識していない深いところに、直接働きかけるとおっしゃっているのは、こういうことかもしれません。わたしは、心理学を勉強した者ではありませんし、もともと心理学という学問には、どこかうさんくさいところがあるように思って、疑いを抱いている人間なものですから、気軽に、無意識だの、深層心理だのとよくわからないことをもち出したくないのですが、ただ、実際に、とくにお話をしているとき、子どもたちがどこか遠くへ行っているような、何かふつうとは違う深いレベルで物語を受け取っているという感じを受けることは確かにあるのです。

これはむずかしいんじゃないか、わかるはずはないと思うんだけれど、という物語を、子どもがじっと聞くという体験をおもちの方、ここには大勢いらっしゃるんじゃないでしょうか。わたしは、最近、『ギルガメシュ王ものがたり』で、そういう体験をしました。まだ学校に行っていない子が、けっしてやさしくはないことばで語られるこの長い物語をしまいまでじっと聞くのです。何かふしぎな力で、人間の根源的な、大きなドラマに引きこまれている、という感じがしました。

子どもには、何かほんとうのものをキャッチする第六感、いや第七感とでもいうべきものがあるように思います。たくさんの作品のなかから、古典といわれるものが生き残ってきているのは、子どもたちがそれをさぐりあてて、守ってきたからだといえるかもしれません。

もちろん、作品自体も、頭ででっちあげ、思いつきでこしらえあげたものでなく、それ

読者としての子ども

こそ作者の、深いところからやむにやまれず生まれてきたものであるからでしょう。ほんとうに深いところから生まれた作品は、したたかな生命力をもっていて、時とところをへだてても、読者に訴えます。そして、子どもは、生来それをキャッチするアンテナをもっているのではないでしょうか。

こう考えてきますと、子どもは、読者として、おとなが失ってしまった能力をまだ多分にもっている、大きなポテンシャルをもった存在だといえると思うのです。しかも、おとなと違った、特別の読み方をする。だから、子どもの読書は、おとなの読書とは違う意味、大切さをもっていると、わたしはいいたいのです。

しかも、子どもの時代は短い。子ども時代に読める本はせいぜい五、六百冊だといわれています。これは、子ども時代を一歳から十五歳までと考えると、一年に四十冊、月に平均三・三冊という計算になります。ふつうは、とても、こんなにたくさんは読めないでしょう。

それに、今は、子どもがとにかく忙しい。読書に割ける時間は、ほんとうに限られています。だとすると、できるだけ、子どもが心からおもしろいと思える本に出会ってほしいと願うのは当然のことです。

また、さっきもいったように、人によっては、十六歳までに読んだ本しか、ほんとうにその人の身についたものにはならないという人もいるくらい、この時代の読書は、のちのちに影響が大きいのです。

残念ながら、義務教育を終える中学生の終わりになって、本が好き、常に本を手放さないという子は、それほど多くありません。好きで、読みたいのだけれど、読む時間がないという子ももちろんいるでしょうが。でも、二歳、三歳で、親から絵本を読んでもらうのが嫌い、お話を聞くのはいやという子は、皆無といっていいでしょう。最初に話した無邪気ではありませんが、どこかで「本が好き、お話が好き」も、消えてしまうのでしょうか。何が子どもを本から遠ざけるのでしょうか。

今、子どもたちを取りまく環境は、とてもいいとはいえません。子どもの誘拐事件はあとを絶ちませんし、家庭のなかで虐待、暴力を受ける子どももいるのが現実です。マスメディアで子どもの問題が取りあげられるとき、よくいわれるのは、子どもたちが人間関係でひどく傷つきやすい、コミュニケーションをとるのが下手という話です。携帯電話やスマートフォンを片時も離せない、ネットの上でしか、人と関係をもてない、などなど。

今、身近に小・中学生がいるわけでないので、ほんとうのところをよくつかめていないのですけれども、わたしの大雑把な印象からいうと、子どもたちの生きている空間があまりにも狭い気がしてなりません。メールをもらってすぐに返事をしないと仲間外れにされてしまうという恐怖感におびえて暮らす。今いる場所しか、世界がないように思っている。目の届く範囲があまりにも狭い。

これではすぐに行き詰ってしまうだろうし、狭い世界では、些細なことが必要以上に大きく見えてしまい、その結果、ちょっとしたことでひどく傷つく。そんな状況があるのではないかと推察されます。このような状況のなかでは、子どもは、容易に挫折するでしょう。どうしたら、もっとたくましく、逆風にも耐えて、生き抜く力を養うことができるのでしょう。

本がすべてとはいいませんが、本は、しっかり読んで、内に蓄えることができれば、子どもたちを強くしてくれると思います。本は、いろんな意味で、子どもたちを助けてくれるからです。

まずは、ことばの力を養ってくれることで。ことばは、精神の構成要素です。自分の気持ちや考えを整理し、それを過不足なく表現できると、人は安定します。

つぎには、人間に対する理解を助けることで。本を読んでいれば、世の中にはいろんな人がいること、いろんな考え方があることがわかります。どんなとき、どんな行動をとるか、それがどんな結果につながるか、ということがわかります。そのことは、基本的な行動規範を育てます。

また、本のなかに、自分と同じ感じ方をする人、自分と同じ悩みをもっている人を見つけて、共感し、慰められもします。ベッテルハイム博士は、昔話のなかに、兄弟の嫉妬を扱った話がたくさんあるけれど、それを知って、そんな感情を抱くのは自分ひとりではないんだと安心する子どもは多いとおっしゃっていました。このように、本、とくに昔話に親しむことによって、子どもは、内に抱えているネガティブな感情や、緊張を解き放つことができる、というのが、『昔話の魔力』で、ベッテルハイム博士が強調していらっしゃることです。

また、いろんな人間がいることを知るうちに、そのなかに自分もそうなりたいというモデルを見つけることもできるでしょう。ことに、思春期にそういう理想像をもつことができると、生き方を選ぶ大きな助けになることでしょう。

本は、また、子どもたちに想像することのたのしさを教えてくれます。本のなかの架空の出来事を、それこそ主人公とひとつになって体験した子どもは、さらに、自分でも空想の糸を紡ぐことを学びます。そうやって、現実とは別に、自分だけの、想像の世界をもつことは、生きる上での大きな力です。危機的な状況になったとき、この想像の世界は、人が逃げこむことのできる退避坑にも、緊急避難のための港にもなります。そこで、気持ちを鎮めることができれば、やがて態勢の立て直しをはかることができるでしょう。

つまらないことですけれど、うんと憎らしい人がいて、その人がひどい目にあうところを想像して、溜飲を下げるなどということだって、想像することのメリットです。お母さんと大げんかして、「死んでやる！」と口走ったとしても、自分が死んだらお母さんがどうするかとあれこれ想像しているうちに、怒りがおさまるなんていうこともあると思うんです。

こんなふうに、本を読むことによって身についた力は、何本ものつっかえ棒として、子どもたちを支えてくれます。わたしは、よくひとりの人を一本の柱のイメージで考えます。柱は、それだけではしっかり立つことはできません。でも、たとえば、何本もの綱で、いろんな方向から引っ張って、つなぎとめれば、しっかり立つことができるでしょう。ちょうど川にかかる橋のなかにも、両方から引っ張ることで固定するものがあるように。本が与えてくれるいろいろな力は、その綱のようなものだとわたしは思います。短い綱は、安定が悪いでしょう。長い綱が、四方に伸びて、しっかりとバランスよく引っ張っていれば、安定します。

歴史上の古い物語、地球上の遠い場所の話を読んで、時間や空間の感覚を長く、広くもつことが、綱を長く、しっかり固定することになると思うのです。こうして安定して立つことができれば、目先のことで一々動揺することがなくなるのではないでしょうか。

ほうっておけば、子どもが本に親しむことがむずかしい今だからこそ、ここにいらっしゃるみなさんのように、子どもと本を結ぶ仕事に取り組んでくださる人たちの存在をありがたく思います。

もちろん、本だけが、子どもに生きる力を与えるわけではありません。何より大事なのは、子どものそばにいるおとなの存在です。おとなが子どもに注ぐ愛情です。愛情で結ばれた人間関係のなかに、本が登場するとき、本は最大の力を発揮するでしょう。

最後に、ひとつ、その証ともいうべき例をご紹介しましょう。それは、明治二十七年に岩手県に生まれたひとりの女の人の物語です。その人は、伊藤まつをさんという方で、若い日にペスタロッチの著作を読んで深く心を動かされ、女教師になります。そして、理想の農村建設の夢を語る青年と、当時としては珍しい恋愛結婚をするのですが、結婚した彼女を待っていたのは、想像もつかないほど苛酷な、農家の嫁としての、地獄のような日々でした。それを生き抜いて、戦後、農村の生活改善に大きな働きをし、平成五年に九十八歳で亡くなっています。

そのなんとも見事な、充実した生涯は、『まつを媼《おばば》 百歳を生きる力』*という本に結晶しています。これを書いたのは、石川純子さんという高校の先生をしていた方で、石川さんはある機会にこのまつをおばあさんのことを知り、その人柄と生き方に魅せられて、二十三年間、彼女のもとに通いつめて話を聞き、それを聞き語りの形で本にまとめたのです。

この本のこと、まつをおばあさんのことは、話せばいくらでも話せるくらい興味深いことがいっぱいなのですが、今日、お話するのは、まつをおばばの子どものときの昔話体験です。

まつをおばばは、祖父である爺様《ずんつあま》に「舐めてしまいたいくらい可愛《めご》い」砂糖孫《さどまご》として溺愛されます。この爺様《ずんつあま》は、そのあたりでも知られた昔話の語り手だったそうですが、おばばは、この爺様《ずんつあま》にあびるほど昔話を聞いて育ちます。継子いじめの「お月お星」に泣き、「屁ったれ嫁ご」に笑い、おかげで、三つ子の魂を、爺様《ずんつあま》の昔話に育てられたといいます。

そんなふうに昔話を聞いて育って何がよかったと思いますかとインタビューアーの石川さんに聞かれて、おばばは、それはものごとを心に、ふぁーんとバウンドするように受け止めることのできる温床のようなものを得たことではないかと答え、こうふり返っています。

「昔話を聞きながら、心が広がるぐらい広がってしまったんじゃないか。いまもだよ、モウロクしないで包容する力があるっていうのは、このバウンドする力でないか。何かが心のなかに入ってくると、いろいろの方面にふくらまして考え直す。その力が、いつできたかと考えると、小さいときの昔話だと思うなぁ。」

ここでまつをおばばが昔話といっているのは、本と置き換えることができるでしょう。わたしたちが本を読んで、心に蓄えるもの——人間理解、基本的な倫理観、想像力、ことばの力、それらを全部引っくるめた総体と考えると、まつをおばばのいう「バウンドする力」の意味が、ほんとうにはっきりと納得できます。それは、取りも直さず生きる力なのですね。

百歳をこえて生きられた石井桃子さんは、最晩年に「子どもたちよ　子ども時代をしっかりとたのしんでください。おとなになってから　老人になってから　あなたを支えてくれるのは　子ども時代の『あなた』です。」ということばを残していらっしゃいます。

まつをおばばの本を読むと、わたしたちとほぼ同じ時代を生きた日本の農村の女の人が、こんな暮らしを強いられていたのか、と信じられないほど、おばばの生活は苛酷なものでした。子どももふたり亡くし、若い時代は身を粉にして働きつづけ、老人になってからは、モウロクもせず、人を包容する暖かさを失わず、音楽や文学をたのしみつつ、九十八歳まで、充実した生を生き抜きました。その生を支えたのは、まさに、爺様から徹底して愛され、心ゆくまで昔話をたのしんだ子ども時代にあったといえるでしょう。

まつをおばばの例は、子どもたちが、子ども時代をしっかりたのしめるために、わたしたちに何ができるかを教えてくれます。わたしたちにできる最大の、そしておそらく唯一のこと、それは、子どもをとことんかわいがること、ありったけの愛情を注ぐこと、そして、お話をしてやること、本を読んでやること、ことばで文化を伝えることです。ひとりひとりが、まわりにいるひとりひとりの子どもにそれをすることによって、未来に希望をつなぐことができるのだと思います。

「子どもたちよ　子ども時代をしっかりとたのしんでください。おとなになってから　老人になってから　あなたを支えてくれるのは　子ども時代の『あなた』です。」

石井先生のこのことばに重なって、石井先生の親しい友人であり、わたしが心から敬愛

する、イギリスの児童図書館員の大先達アイリーン・コルウェルさんのことばが、聞こえてきます。コルウェルさんは、

「子ども時代には、どの子も幸せでなくてはなりません。そして、本は、子どもに幸せをもたらすひとつの手だてなのです。」と、おっしゃいました。

このふたつのことばをかみしめながら、今日の講演を終わりといたします。

引用文献

20頁　『子どもとことば』（岩波新書）　岩本夏木著　岩波書店　一九八二年

25頁　「中野重治氏にきく」一、二　「こどもとしょかん」五、六号　一九八〇年　春、夏

29頁　『児童文学論』　リリアン・H・スミス著　石井桃子・瀬田貞二・渡辺茂男訳　岩波書店　一九六四年

34頁　『昔話の魔力』　ブルーノ・ベッテルハイム著　波多野完治・乾侑美子共訳　評論社　一九七八年

43頁　『まつを媼《おばば》　百歳を生きる力』　石川純子著　草思社　二〇〇一年

Ⅱ ことばの力

この講演は、二〇一五年五月九日、「子ども読書コミュニティプロジェクトみやぎ」との共催で、東北大学百周年記念会館川内萩ホールで行われました。

「こどもとしょかん」一六八号（二〇二一年　冬）の再録です。

はじめに

今回は会場も大学のなかということで、若い人が大勢来てくだされぱいいと願っていました。世の中の大半の人がわたしより年下という年齢になってきますと、若い人がとても大事に思えてきて、その人たちにわたしの体験を伝えておきたいという願いが強くなってきたからです。

それに、おいでくださるのがわたしに近い年齢の人だと、その人たちは、すでにこれまでわたしの書いたものなどをお読みになっていると思われ、それ以外の何か新しいことを申しあげなければならないとなると、さて何もない、困った、となってしまうからです。

わたしはこの二月に、『子どもと本』*という岩波新書を上梓しました。実はこれは五つのテーマで架空の講演会をして、それを記録するというつもりで書いたものなのです。その五つのテーマは、いずれもこれまでわたしが関心をもちつづけたもので、新書ではそれについて、いわば「思いのたけをこめて」書きました。ですから、書き終わった今は、そこに書かなかった、新しいテーマについて話をするのが、ますますむつかしくなりました。

今つくづく感じているのは、一生のうちで、自分がこれだとつかめるものは、そんなに多くはないということです。少なくとも、わたしには、語れるほどのものはそれほど多くない、ということがわかりました。というわけで、いささか開き直りとも思われるでしょうが、今日は、くり返しを恐れず、これまでわたしがいったり、書いたりしてきたことを、もう一度お話ししようと決めました。もうわたしの本を読んで、よく知っている人には、同じことでも、わたしの口から直接聞くのはよかったと思っていただけたら、うれしいと思います。

ちょっと脇道にそれるようですが、『子どもと本』を読んだ方から、いろんな感想をいただいておりますが、いちばん思いがけなかったというか、うれしくもあり、ほほえましくもあったのは、ご近所に住む、わたしとほぼ同じ年齢の、ということは八十前後の男の人から、「あれを読んだら、もう一度子どもをもちたくなった」と、いわれたことです！

実はこの人には、息子さんがふたりあり、ふたりともわたしが自宅で開いていた文庫へ来ていた子たちでした。しかも、上の息子さんは、会員登録番号一番でした！　というのは、彼は、わたしたちが文庫を開いた初日、何か悪いことをして、仲間に追いかけられていて、我が家の門が開いていたのを幸い、「ちょっと隠して！」と、飛びこんできたのです。そして、そのまま、文庫の会員になったというわけでした！

お兄ちゃんが会員になったので、弟のほうは、まだよちよち歩きのころから、会員になりました。毎回のように大好きな平凡社の「絵本百科」（全五巻）を借りていき、その大きな本をやっとこさ抱えて返しに来ます。あるとき、「Sちゃん、本を落っことすといけないから、ちゃんと袋に入れてもってきてね」といいましたら、「うん、もうさっき落っことしてきた」という立派なお答でした！　ふたりとも、今はもう五十代のいい「おっさん」になっています。

そのお父さんが、わたしが、『子どもと本』の二章に書いたように、もう一度子どもと一緒に本をたのしみながら子育てをしたいと思ってくださったのなら、ほんとうにうれしいことです。ほかにも、子どもはもう大きくなってしまったので、こんどは孫に、とおっしゃる方もありますし、もっと早く知っていたら、とおっしゃる方もあります。ですから、ここにいらっしゃるお若い方、これからお父さん、お母さんになられる方は、どうぞ今日の機会を十分生かしていただきたいと思います。

わたしたちに働きかけてくることばの力

ところで、今日は、題を「ことばの力」とつけました。この力には、二つの意味があります。ひとつは、外からわたしたちに働きかけてくることばの力。もうひとつは、わたしたちが内にもっている自分のことばの力です。

そこで、まずわたしたちに働きかけてくることば――わたしたちを動かし、わたしたちに影響を与え、わたしたちの精神をつくってくれることばの力について考えてみたいと思います。そのあとで、それを受け止めるわたしたちのことばがどのようにして育ち、養われるのか。また、わたしたちが、子どもたちに、ことばの力をつけたいと願うなら、どんなふうにそれを助けることができるのかを考えることにしたいと思います。

だれしも、ちょっと立ち止まって考えてみると、自分にとって大事なことば、大きな意味をもつようになったことばを少なくとも二つや三つ思い浮かべることができるのではないでしょうか。わたしにとって、そのような忘れられない大切なことばのひとつは、わたしが初めてアメリカはボルティモアの市立図書館で、児童図書館員として働きはじめた日、館長のエドウィン・キャスタニヤ氏からかけられたことばです。

このことは、本にも書きましたし、あちこちで話しましたので、ご存じの方も多いことと思いますが、もう一度、くり返しますと、キャスタニヤ氏は、新しく採用された館員を歓迎して、こういわれたのです。

「わたしたちは、本がよいものであると信じる人たちの陣営に属しています。わたしたちの仕事は、できるだけ多くの人をこの陣営に招き入れることです。しっかり働いてください」と。

ここで「わたしたち」というのは図書館員のことですが、留学生としてアメリカに渡ったわたしには、就職したこの時点でも職業人意識がまったくありませんでした。図書館で働くのは勉強のつづき、いわば実習のつもりでした。この図書館では児童サービスがどのように実践されているか、よく見てやりましょう、ということしか頭になく、図書館を利用する人たちから見て、自分がどんな存在かなど考えもしませんでした。とくに子どもたちにとって自分がなんなのか、子どもたちが自分に何を期待しているのか、などに思いがいたっていませんでした。

たとえわたしが新米の児童図書館員だったとしても、利用者から見れば、わたしは、彼らの要求を聞き、希望する本が手に入るよう助け、ときには希望する以上の本を紹介する役目を負った図書館の顔なのです。キャスタニヤ氏のことばは、やわらかい口調ながら、わたしに図書館員という仕事の精髄を知らせ、わたしのなかに職業人としてのバックボーンをしっかりと通してくれました。

実際、その後の半世紀をこえるわたしの仕事人生のなかで、このことばは、どんなに強い力となってわたしを支えつづけてくれたことでしょう。小さなことから、大きなことまで、判断に迷うとき、決断を迫られたとき、このことばは、何度も導き手になってくれました。

たとえば、わたしが大阪の図書館で働いていたとき、ひとりの中学生が課題の調べものにやってきたことがありました。ところが、小中学生室には、そのことについての適当な本がありませんでした。わたしは、たまたま、そのことについて、非常にコンパクトに、わかりやすく書いた岩波新書があることを知っていました。でも、当時、この図書館では、利用者区分というのがあって、中学生は、成人対象の一般室も、そこの蔵書も利用することができませんでした。そこで、わたしのしたことといえば、職員貸出を利用して一般室からこの本を借り出し、それをその子に又貸しすることでした。もちろん、これは規則違反で、あとでわたしはひどく叱られましたが、確信犯ですから動じませんでした。ことの是非はともかくとして、わたしの行為が、結果として、この子が本はよいものだと思うことに通じると考えたからです。

本の評価に迷ったときでも、このことばは力を発揮してくれました。この本を読んだら、読んだ人は「本はよいものだ」という信念を強くするかどうだろうかと考えると、おのずと見えてくるものがあったからです。

このように、キャスタニヤ氏のことばは、要所要所で力を発揮して、わたしを助けてくれました。わたしもまた、これまでに若い図書館員たちにこの話をして、キャスタニヤ氏のことばを伝えてきました。その人たちにとっても、このことばが力になることを信じています。

職業人としての一歩を踏み出した若い日に、尊敬する人物から直接このようなことばを贈られたのは、考えてみるとほんとうに幸せでした。同じように、力をもつことばを直接人からかけられた経験をおもちの方が、みなさんのなかにもいらっしゃるでしょう。でも、日常接している人から、そうした力のあることばをかけてもらう機会は、それほど多くはないと思います。おそらく、それよりもっと多くのことばを、人は本から受け取るのではないでしょうか。

本は、ことばの集積ですし、本来、何かを伝えたいという強い意志があって生まれたものですから、そこには、日常かわされることばと違って、密度の高い、内容のあることばがつまっています。本こそ、力のあることばにふれる機会をもっとも多く差し出してくれるものだと思います。それに、実際に接することのできる人は限られますが、本は、歴史上、あるいは地理的に遠く離れた人からもことばを受け取ることができる点で、世界を大きく広げてくれます。

みなさんは高史明《コサミョン》という作家をご存じでしょうか。長く文庫をしていらっしゃった方は、「ちくま少年図書館」というシリーズのなかにあった『生きることの意味』（筑摩書房一九七四年）や、高さんの息子さんの岡真史《おかまさふみ》さんの『ぼくは12歳』（筑摩書房一九七六年）などという本を憶えていらっしゃるでしょう。

高史明さんは、ご自分のことを、日本で生まれ、日本で育った人間ですが、日本人ではありません、朝鮮人でありますといっておられます。そして、日本人の奥さんとのあいだに生まれたひとり息子が、真史さんでした。その真史さんが、十二歳で自ら命を絶ったのです。

このたったひとり恵まれた息子は、ご夫妻にとっては、何ものにも代えがたい、宝のような子でした。そればかりでなく、近代のはじまりに生じた、朝鮮と日本の不幸な出来事を乗りこえて、両者の架け橋になるはずの大切な、大切な子どもでした。

その子を、わずか十二歳で、しかも自死で失ったのです。その衝撃を高さんは、「全身がばらばらにされ」、「それまで依って立っていた場を、それこそ根こそぎに洗われてゆく」ようだったと表現しておられます。何度も何度も「何ゆえに」と問いつづけた高さんがつかんだことばの命綱が「歎異抄」でした。

高さんが、想像することもできないほどの悲しみから、どのようにして「歎異抄」に光を見出したかは、高さんのいくつかの著作でたどることができますが、わたしには、一九九三年に新泉社から出た『「ことばの知恵」を超えて』*という本が、とくに強く印象に残っています。

「歎異抄」が書かれたのは、十三世紀ですから、すでに七百年という時間がたっています。それだけの時間を経ても、なおことばには人に働きかける力があることを、高さんの例は示していると思います。

このような劇的なケースばかりではありません。もっと静かな、目立たない形でも、ことばは時間をこえて、わたしたちに働きかけています。たとえば「歎異抄」より、もっと古い「万葉集」。わたしは、昭和十年生まれですが、戦後の教育制度改革で、義務教育が六年から九年に延び、三年間の新制中学が生まれたとき、その第一回生でした。

急に新しい制度が生まれたので、設備がありませんでした。戦争中、軍が馬小屋に使っていたという建物で授業がはじまりました。場所は、神戸市の西のほう、垂水《たるみ》というところです。地名がそうだったからでしょう。社会科の担当で、大学を出たばかりの先生が、最初の授業のとき、大きな声で、「石走《いはばし》る 垂水《たるみ》の上《うへ》の さわらびの 萌《も》え出《い》づる春《はる》に なりにけるかも」という万葉集の歌を朗誦してくださいました。おかげで、この先生のあだ名は、「けるかも」になったのですけれども！

でも、この歌、このことばを知ったおかげで、空襲で家を失い、疎開先から初めて移ってきた見知らぬ土地が、何かこのもしい、ほこらしい（万葉の歌に出てくるんだぞ）感情と結びついたのは確かですし、それ以来、春、この歌を思い出して口ずさむと、この歌のもつ「ああ、春になった!」という喜びが躍動感をもって感じられるようになりました。

二〇〇八年でしたか、NHKで「日めくり万葉集」という番組を放映していたことがありました。毎朝、BSで六時五十五分から七時までの五分間のもので、文学者に限らず、各界のいろんな人に万葉の一首を選んでもらって、その人の短いコメントを美しい映像と一緒に流すという内容でした。わたしは、この番組がすっかり気に入ってしまって、これ見たさに、山の家に置かないと決めていたテレビを買ってしまったくらいでした。

いつだったか、画家の安野光雅さんがこの番組に登場されたとき、この歌を選んでおられて、「ああ、春が来たんだ! というだけをうたった歌だけれども、何か春が来たという印象が音を立てて流れていくようだ」とコメントしていらっしゃいました。「石走る」という滝のイメージがあるからでしょうね。

万葉集が編纂されたのは、七世紀から八世紀のことですから、「歎異抄」よりまだ五百年も古く、わたしたちとは千三百年近くもの時をへだてているわけですけれども、そのことばが今も生きてわたしたちに働きかけている。日本人であれば、子どものときからいくつかは万葉の歌に親しんでいるはずですし、万葉にかぎらずほかの古典のなかにある「美しく力強い」ことばにふれているはずです。そして、おそらく意識していないところで、こうしたことばがわたしたちのものの感じ方、とらえかたに影響を与えていることでしょう。ことばの力です。

時代のへだたりだけではありません。距離も、文化の違いもこえることばの力の例も、いたるところに見られます。わたしが高校生のとき、胸を熱くして読んだのは『チボー家の人々』（白水社）というフランスの小説でした。みなさんが夢中になってお読みになった本のなかにも外国のものがたくさんあるのではないでしょうか。幸い、日本は翻訳が盛んな国ですから、ほんとうに世界中の本が読めますね。それを通して、わたしたちは遠いところに住み、異なる文化的背景をもつ人のなかから生まれたことばによっても、刺激を受け、教えられ、視野を広げることができています。

志村ふくみという方をご存じでしょうか。染織、染めと織をなさる方で、重要無形文化財保持者、一九九三年には、文化功労者に選ばれていらっしゃる方です。その志村さんは、文章もよくなさる。エッセイ集も何冊か出しておられるのですが、どれもすばらしいものです。

志村さんが八十五歳のときお出しになったエッセイ集に『白夜に紡ぐ』*があります。わたしは、そのなかにある「ドストイエフスキイ・ノート」を読んで、ドストエフスキーに打ちこむ志村さんの気迫のすごさに圧倒されました。ページから熱気が立ちのぼってくるようでした。わたしは、ほんとうの意味でまだドストエフスキーに出会っていませんし、たとえこれから先、出会うことがあっても、志村さんのような深い出会いができるとは到底思えません。

それでも、ここには、ある人の生き方を根底から揺さぶる、ものすごい「ことばの力」が働いていることを感じないではいられません。すぐれた書物は、こうして多くの人々を揺さぶりつづけ、心をえぐって人間の心の深淵を見せ、深く生きることをさせてきたのだと思います。

わたしたちの世界には、これまでに蓄えられてきたことばがたくさんあります。それらの力あることばは、たえずわたしたちに働きかけています。それらのことばを受け止め、自分の内に取り入れていくのが教育ということかと思います。そうやって、たくさんのことばを取り入れながら「わたし」という人間がつくりあげられていくのだと思います。

わたしたちの内なることばの力

ところで、外から働きかけてくることばを受け取るのは、わたしたちの内にあることばの力です。それがどのようにして育つのか、ここからは、そのことについて考えてみたいと思います。

本を読んで、この本おもしろかった、といったり、お話を聞いて、あなたのお話、とてもおもしろかった、といったりしますが、本がおもしろかったり、お話がおもしろかったりするわけでなくて、ほんとうは、読んだ人や、聞いた人がおもしろがった、というのが正しいのだと思います。

作者は、自分のなかにある考えやイメージをことばにして表す。それを読者が読み取って、自分のなかに考えやイメージをつくりあげる。作者がどんなにたくみに表現したとしても、読者がそこに用いられたことばを理解しなかったり、ことばから自分の内にイメージをつくりあげる力がなかったりしたら、その作品がおもしろかったとか、美しかったとかはいえません。受け取る側のことばの力があってこそ、作品は価値をもつといえます。

もちろん、作者の力量がすぐれていると、その表現は質の高いものになり、読者の作品理解や、内容のイメージ化がより容易に、より的確になるわけですが、それでも読者がどれだけことばの力をもっているかによって、受け取るものが左右されることに変わりはありません。すぐれた本から何かを得るのは、ひしゃくで水を汲むようなもの、自分というひしゃくの大きさで汲み取ることのできる水の量は決まる、といわれる通りです。

わたしが、読者のもつことばの力ということに目を向けさせられたのは、これも何度も書いたことですが、一九六七年に自宅で文庫をはじめてまもなくの一九七〇年代に、子どもたちの様子が目立って変わってきたからでした。それまでおもしろがって読んでいた本を、それほどおもしろがらなくなった。前には大笑いして聞いていたお話を聞いても、それほど笑わなくなったということがあったのです。

そういう現象を目の当たりにして考えたのは、同じ本、同じお話ですから、たのしみ方の違いは、受け取る側の受け取り方の違いだということでした。では、どうしてそのような違いが生まれたのか、と考えるようになり、いろいろ考えた末、わたしがたどり着いた結論のひとつが、「ことばの力」の弱まりということでした。

それに気がついてからは、児童図書館員として、ただ子どもに本を手渡すだけでは十分でない。子どもが本から心を動かすたのしみを引き出してくるために必要なことばの力を、どのようにして育てていくかという問題にも、関心を向けなければならない、と考えるようになりました。

そのことから、わたしは、子どものことばがどのように育っていくのかに興味をもつようになり、岡本夏木先生の『子どもとことば*』や、『ことばと発達*』という二冊の岩波新書をはじめとするいろいろな本に教えられて、子どもがことばを獲得していく過程を少しずつ理解するようになりました。岡本先生のご本は、みなさんもすでによくご存じのことと思いますが、先生は、生まれてから子どもがことばを発するまでの一年から一年半くらいの時期を「ことばの胎生期」と呼んで、この時期にことばの土台がつくられるとおっしゃっています。

先生のおっしゃっていることを、わたし流にごくごくかいつまんでいってしまうと、ことばの発達の上で、この胎生期にいちばん大事なことは、子どもが、母親、あるいは子どもの身近にいて養育に携わる人とのあいだに気持ちが通じるという体験をもつことである。それが、ことばの土台だということです。

まだことばが出ない赤ちゃんは、身ぶりや、音声で意思や、要求を伝えようとします。それをおとなが察して対応してやると、だんだん特定の動作や音声を特定の反応を引き起こす手段として使うようになる。これを岡本先生は、「意図的道具性」と呼び、その「道具＝手段」を身のまわりのおとなたちとのあいだで、理解し合って使うことを「協約性」

と呼び、この二つがことばの成立の条件だと述べておられます。

このことをとても興味深い例でわたしに教えてくださったのが、イギリスの著名な言語学者のハリデイさん（M. A. K. Halliday　1925～2018）という方でした。あとでわかったことですが、この方は、むつかしい理論書もたくさん出していらっしゃるのですが、わたしはそれらの本を読んだわけではありません。

ただ、あるとき、東京にある英国文化振興会（ブリティッシュ・カウンシル）でこの方の講演会があって、たまたまお話をうかがうことができたのです。学会ではなく、集まったのは一般の人たちで、言語学には素人でしたし、それも割合少人数の会でしたから、くつろいだ感じで、主にご自分の息子さんのお話をなさったのです。

当時、ハリデイ先生は、オーストラリアのシドニー大学で教えていらっしゃるとのことでした。そして、奥さまは、確かパキスタンの方でいらっしゃるとうかがいましたが、ご夫妻ともに言語学者だということで、おふたりに初めてのお子さんが生まれたとき、その子がどのようにことばを学んでいくのだろうか、その過程を観察しようということで、おふたりして、子どもの発する音声を、発音記号で逐一記録なさったのだそうです。

そうしましたら、喃語《なんご》というのがありますね。赤ちゃんが出す「ウーウー」とか「アッバッバー」とかいう音声のことです。ふつう喃語は意味のないものと思われていますが、ご夫妻が丹念に息子さんの発する音声を記録していくうちに、どうやら彼は、特定の音声に特定の意味をもたせているんじゃないかと気づかれたそうです。

たとえば、木の下にいたとき、その木に止まっていた鳥がいっせいに飛び立った。そのとき息子さんが「バァーッ」というような音を発した。ところが、その後、子どもが「バァーッ」というときの状況をよく気をつけてみると、何かに驚いたときだということがわかってきた。となると、この「バァーッ」は、その子語で「あー、びっくりした。今のはなんですか?」という意味に置き換えられる。

また、昼間赤いバスを見て「オゥオゥ」というような音声を発した。その夜、また同じ音をくり返す。とすると、もしかしたら、子どもは「今日、お昼間、赤いバスを見たね」といっているのかもしれない。そこで、お母さんがそれに応えて、「そうね、今日は赤いバスを見たわね」といってやると、うれしそうな顔を見せる。

そういうことをずっと注意して見ていくと、どうも息子は、その子語というのを日々つくり出しているらしいとわかってきた。そこで、音声と意味を対応させた「その子語辞典」のようなものをつくってみると、それが二百語だか四百語だかになったというんですね。その時点で、ハリデイ先生いわく、「息子は、どうやら自分で一々ことばをつくっていくのは面倒だ。英語という出来合いのことばがあるなら、そっちに乗り換えてもいいやと思ったらしく、その時点から突然しゃべりはじめ、今にいたるまでしゃべりやめていません！」

赤ちゃんがしゃべりはじめると、猛烈なスピードで語彙も表現も増えていく、というのは、みなさんもよくご存じのことですが、それは、そこへいくまでに、ことばの土台ができていた。まわりのおとなと仕草や喃語で気持ちを通い合わせることができていた。岡本先生のいう「意図的道具性」と「協約性」がきちんと成立していたということなんですね。

レクチャーのあとのお茶の時間に、ハリデイ先生とお話しする機会があったので、「子どものことばを育てる上でいちばん大事なことはなんでしょう?」と、うかがってみました。すると、言下に「子どものいうことをよく聞くことです」というお答が返ってきました。おとなが、子どものいうこと——それはことばではなく、泣くことやむずかること、顔の表情や仕草など、身体で表現されたものも含めてですが——をよく聞いて、それに応えることによって、子どもは自分のいいたいことがわかってもらえるという体験をもつ。その体験の積み重ねがことばの土台をつくるのです。まわりの人とのあいだに信頼という橋がかかっているからこそ、その上をことばが行きかうことができるのですね。

それに、自分のいうことをしっかり聞いて受け止めてもらえた子どもは、ほかの人の話も聞ける人になります。子どもは成人するまで、家庭でも学校でも、毎日人の話を聞いて学ばなくてはならないわけですから、人の話が聞けるということは、とても大事なことだといえます。

子どものことばを育てるために、おとなにできること

さて、信頼という土台の上に、子どもたちはことばの世界を拓いていくわけですが、わたしが見たところ、現在のわたしたちの生活は、子どもたちが自分のことばを豊かに、また力強いものに育てていくのに、必ずしもいい状況だとはいえないように思います。そのなかで、せめてわたしたちおとなの気配りで、少しでも子どものことばの育ちを助けることができればと思い、いくつかの提案をしたいと思います。

それは、

一、できるだけ生《なま》の体験をさせる

二、できるだけことばの氾濫から子どもを遠ざける

三、実のあることばで話す

四、ゆっくり話す

五、肉声を取り戻す

というようなことです。

生《なま》の体験をというのは、このごろは自分で体験することなしに、テレビなどからたくさんのことばを知ってしまうからです。ある作家のエッセイに、幼い娘を初めて海へ連れていって、「ほうら、海だよ」といったところ、娘が驚きも興奮もせず、「テレビで見たよね」と、いったのにショックを受けたことが書かれていました。

ことばはイメージと合わさって記憶されていくわけですが、テレビから得られるイメージは視覚的なものだけで、温度、潮の匂い、波の音、足の下の砂や岩の感触、水の冷たさ、磯の生きものなどなど、視覚以外の感覚に訴えるものではありません。それに、テレビの枠に収まりきらない広がりももちません。実際の海を見ることも、海で泳ぐことも、浜辺を歩くこともなく、「海」ということばをテレビの枠のなかの画像だけと結びつけて憶えたとしたら、そのことばを聞いて（あるいは見て）思い浮かべるイメージは、非常にうすっぺらなものにならざるを得ません。ことばの背後に思い浮かべるイメージがうすっぺらなものであったら、本を読んでもそれほど心を動かされない、ということになるのだと思います。

また、今の子どもたちは、自分の手を使って何かすることがどんどん少なくなっています。たとえば、小刀で鉛筆を削るということをしなくなった。鉛筆削り器に鉛筆を差しこむと、シャーッといっぺんで削れてしまうから。竹を削って、竹とんぼをつくって遊ぶということもなくなった。となると、こういう子どもたちは、「身を削る」というような比喩をどう受け止めるのだろうか、と皮肉たっぷりに述べていた人もありました。

藤岡喜愛《ふじおかよしなる》という方は、イメージについて非常に興味深い本を書かれていますが*、人の行動や、考え方、感じ方が、その人のもつイメージによって先導されていると説き、人間はイメージ・タンクである、といっておられます。イメージはことばと表裏一体となって頭（心？）に蓄えられているのですから、人間はことばのタンクであるともいえるわけです。

そのイメージがどのようにつくられていくかについて、藤岡先生が述べておられるなかで、わたしがとくに興味深く思ったのは、イメージが感覚器官や運動器官を通して蓄えられていくことです。たとえば、ストーブにさわって「熱っ！」と感じた瞬間の感覚が「熱い」というイメージ＝ことばとなって蓄えられていく。そうすると、「熱い」ということばを聞けば、その感覚のイメージが甦るということになるわけですね。ですから、感覚器官を通してたくさんの「熱い」を体験している人が、このことばから思い浮かべるイメージは、テレビだけからことばを知った人のイメージより、厚みのある、力のあるものになるのだと思うのです。

ことばの背後に豊かなイメージを喚起できるように、子どもたちには、できるだけ自分の感覚器官と運動器官を通した体験をしてほしいとわたしが願う理由はそこにあります。それは具体的には、外でよく遊ぶ、働く――掃除でも料理でもなんでもいい、家の仕事をする、手でものをつくる、とにかく目も耳も、手も足も、身体全体をよく使うことです。うちのなかで、じっと座ってゲームをしたり、テレビを見たりしているばかりでは、力のあることばを育てることはできないでしょう。

なお、感覚器官と運動器官を通してことばのイメージが蓄えられていくことについては、国分一太郎の二冊の本*がとてもおもしろく、参考になります。

ことばの氾濫から子どもを遠ざけるというのは、今の社会では、なかなかむずかしいことです。どこにもことばがあふれているからです。テレビもラジオも、ほぼ二十四時間放送されていますし、スーパーへ行くと、商品の説明が棚のスピーカーから流れてくる、車で移動するときはカーラジオ、人の集まるところではさまざまなアナウンスというわけで、生活のなかには機械で再生された声＝ことばがあふれています。

そんななかに身を置いていると、わたしたちは、いつのまにかことばを聞き流すことを憶えてしまいます。ことばが聞こえていても、真剣に聞くということをしなくなるということですね。それがことばを軽んじることにつながって、相対的にことばの力を弱めていきます。

ことばが聞こえてくるためには、音の聞こえていない状態、静寂とか沈黙が必要です。ことばも音楽も、静かなところへ響いてくるからこそ、それに注意を向け、集中して聞こうという姿勢をとるようになるのです。しょっちゅうガミガミ小言をいうお母さんのいうことは真剣に聞かないが、無口なお父さんが、たまにひとこと、ぼそっともらしたことばは耳に残るということもありますよね。

ことばを聞き流す、ことばに向き合わない態度を早くから身につけてしまわないように、とくに生まれてから間もないお子さんのいる家庭では、四六時中、見てもいないテレビをつけっぱなしにすることはやめていただきたいと切に願います。わたしたちの生活に、ことばが聞こえてくる静けさを取り戻したいものです。

実のあることばで話すというのは、親、保育者、教師など子どもに接する機会の多い人に、ぜひお願いしたいことです。このことは、とくに子どもたちにお話を語る人を念頭において申しあげたかったことです。

実のあることばというのは、しっかりとしたイメージに裏づけられたことばという意味です。お話を語った、あるいは聞いた経験のある方にはおわかりいただけると思いますが、語り手がどんなイメージをもって語っているかということは、聞き手に恐ろしいほどまっすぐ伝わるものです。同じ話でも、語り手によって、聞き手が思い浮かべるイメージが違ってくることは、お話を語っている人なら、だれでも経験していらっしゃることでしょう。同じ「白雪姫」でも、ある人の語りでは、姫の愛らしさが印象に残り、別の人の語りでは、魔女の恐ろしさのほうが前面に出ているといったことです。

グリムの昔話に「おいしいおかゆ」というのがありますが、そのおしまいは、町中がおかゆでいっぱいになり、町へ帰ってくる人は、自分の通る道をぱくぱく食べて、食べ抜けなければならなかったとなっています。あるとき、この情景をとてもよく見えるように語った方がいたので聞いてみると、転勤で北海道に住むようになってから、この部分を語るときは、雪かきをしているときのイメージが思い浮かぶようになったのです、ということでした。ふしぎなことですが、語り手の思い描くイメージは、こんなふうに聞き手にそのまま届くものなのです。

お話でも、日常生活の場面でも、ことばを口にする本人が、自分のことばをほんとうには信じていないとしたら、そのようなことばは、相手を動かすことはできません。意味のない、気持ちのこもらない、口先だけのことばをたくさん聞かされると、ことばの値打ちはどんどん下がります。

現在の社会には、そういうことばが氾濫しています。ですから、せめて子どもには、イメージや気持ちの裏づけのあることばをかけるように心がけたいと思います。とくにお話を語る人は、しっかりと心に絵を描きながら語ってほしいと思います。

ゆっくり話すということも、大切です。全体として現在は話しことばがどんどん早口になっている傾向にあります。ＮＨＫのニュースなども、昔にくらべると一分間に読む語数がずいぶん増えていると聞いたことがあります。それに、いわゆるトーク番組やコマーシャルなどの物言いは、チャカチャカと早口でしゃべるのがほとんどです。文章のほうも、携帯のメールの多用で、短い、スタッカートみたいな、切れ切れの文体になってきているといわれています。

わたしがなぜ、こうしたぷつぷつと切れる物言いを避けたいと思うかといえば、それが呼吸を浅くしてしまうからです。長い文章をゆっくりと読んでいると、ひとりでに呼吸が深くなり、気持ちが落ち着いてきます。こうした心の落ち着き——精神の重心が下にあって安定し、少しくらいのことでは動じない状態——は、物事を深く考えたり、まわりをよく見たり、人のことを思いやったりするのに欠かせない状態です。

短い息で、早口でしゃべることばばかり聞いていると、ぱっぱっと反応して短絡的に行動する人が増えるような気がして心配です。子どもたちに話しかけるとき、急いで、たたみかけるように話すのでなく、できるだけゆっくり話すよう心がけたいものです。子どもがことばを受け入れて、咀嚼するゆとりがあるように。

お話は、そのためにも貴重な機会です。深く息をして、しっかりとイメージに裏打ちされたことばで語りかけることは、物語そのものだけでなく、ゆっくりと流れる時間や、ゆったりとした心の状態をも届ける意味があることを知っていただきたいと思います。

肉声を取り戻すとは、大げさないいかたですが、お話を語ることを含めて、子どもたちに、ということはわたしたちの暮しに、声、それも機械を通した声でなく、生の声を発したり、受け取ったりする機会を増やしたいと思います。ことばは、もとは声でした。ですが、今は文字が幅をきかせています。声のことばが文字のことばに変わったときに、失われた、あるいはかくれてしまったものがあると思います。

同じひとつのことば、たとえば「そうです」をとっても、だれが、だれに、どんな状況のなかでいったかによって、ニュアンスが違いますよね。軽くいったか、力をこめてか、うそかほんとうか、声ならば表現できていたそうしたニュアンスは、活字には反映されません。

お話では、文脈によって、そのニュアンスを感じ取って声で表現します。語りは、眠っていたことばを起こして立ちあがらせるとか、死んでいたことばを生き返らせるとかいわれるのはそのことです。声にすることは、文字の背後にかくれている意味を引き出すことであり、それはことばの力を取り戻すことでもあると思います。

その意味で、子どもたちにも、音読や、暗唱をすすめたいと思います。声に出すと、文章のよしあしや、そこにこめられた思いがよく理解できることがあるからです。

読み聞かせ、ことばの力を育てる決定打

以上述べてきたことは、いわばことばの土台づくりというか、ことばの力を育てる環境づくりですが、もっと直接的にできることは何かといえば、それはまわりのおとなが子どもたちにお話を聞かせたり、本を読んでやったりすることをおいてほかにはありません。親や、保育者や教師が、肉声で子どもたちに物語を語って（読んで）聞かせる。ことばへの信頼を深める意味でも、語彙を増やすためにも、ことばの微妙なニュアンスや、音楽性を感じ取る力を育てるためにも、これ以上に効果的な方法はありません。しかも、これは多くの〝副産物〟を伴います。ともにたのしんで読んだ本は、読み手と聞き手の絆を強め、長く心に生きつづける記憶を残します。読まれた本の内容が与える影響はもちろんの

ことです。こんなにたくさんの「よいこと」があるのに、やらない手はありません。

わたしは、これまでいろんな意味づけをして、子どもたちへの読み聞かせをすすめてきましたが、最近手にした本のなかに、またひとつ有力な説得理由を見つけたので、最後にそれをご紹介しましょう。それは『100歳の美しい脳*』という本です。副題に「アルツハイマー病解明に手をさしのべた修道女たち」とあります。

原題は *Aging with Grace* で、ご存じのように grace は姿形、あるいは身のこなしなどの気品のある美しさ、優雅な様子を意味することばですが、宗教上では、恩寵、神様の恵みを意味します。ですから、もとの意味は「美しく老いる」「品よく老いる」ですが、扱っているのがカトリックの修道女たちですので「恩寵のうちに老いる」をかけているのだと思います。

これは、一九八六年に、デヴィッド・スノウドンという人がはじめた大がかりなアルツハイマー病の疫学的研究の一般向け中間報告といった本です。年をとってもある人は認知症になるし、ある人はならない。どうしてそうなるのかをさぐろうとした研究で、修道女を対象にしたので nun study（尼さんの研究）と呼ばれています。

なぜ修道女かというと、修道女たちは、十代の終わりから二十代の初めに誓願を立てて修道院に入り、その後は、長年にわたり、共同体の一員として、生涯独身を守り、同じ食事を摂り、決められた日課をこなし、規則正しい生活をしている。たばこも吸わないし、お酒も飲まない、もちろん薬物に手を染めることもない。生活全体が事細かく管理され、その上詳細な記録が残されている。だから、疫学研究者には理想的な調査対象になるというのです。

研究に協力したのは、アメリカのカトリックのノートルダム教育修道女会に属する修道女（シスター）たちでした。この修道会は、もともと貧困家庭の女の子たちに教育の機会を提供する目的で設立されたので、この会の修道女たちは、そのほとんどが、生涯の大半を、小学校から大学までの違いはあるにしても、教師としてすごしています。そんな七十五歳から百六歳までの六百七十八名が被験者となりました。彼女たちは、毎年、身体能力、知能・精神的能力のテストを受けます。さらに、画期的なのは、そのうちの何人か、死後献脳することに合意した人たちの脳は解剖され、その結果を毎年のテストの結果と照らし合わせて、認知症の度合いと脳の状態とを比較検証するのです。

脳の検査は、主にアルツハイマーの特徴だと思われている萎縮、神経原線維変化、プラークとよばれる代謝生成物を調べるそうですが、その結果、脳の状態と認知症の度合いは、必ずしも一致するわけではないことがわかったというのです。脳の状態は、かなり悪いのに、日常の生活にほとんど支障なく、明るく暮していた人もいれば、認知症の症状が進んでいたのに、脳の状態はそれほど悪くないという人もいたのです。

どうしてこういうことが起こるのか、と考えて、研究者たちが注目したのが、修道女たちが誓願のときに、決意表明として提出した文書でした。それには、自筆で、そこにいたるまでの人生が本人のことばで語られています。いわばその時点での自伝ですね。研究者たちは、保存されていたこれらの文書と、五十年、六十年を経たのちの精神状態とのあいだに、相関関係があるかどうかに着目したのです。認知能力が高度に発達し、神経細胞の接続が充実した脳の持ち主は、若いころ語彙が多かったのではないか、ことばが達者な修道女は、年をとったとき認知症への抵抗力が強くなるのではないかという、仮説を立てたのですね。

文章を分析するには、単音節の単語（girls, boys など）と多音節の単語（particularly, privileged, quarantined）の使用頻度を比較する、意味密度（単語十個あたりに表現される命題の数）や、文法的複雑さを調べるなどの方法をとったそうですが、その方法を当てはめて修道女たちの文章を分析していったところ、若いときの言語能力と、年をとってからの認知症とのあいだには、かなりはっきりした相関関係があることがわかったのです。とくに意味密度と認知テストの得点には、高い相関関係があることが判明しました。

この本には、具体的な例として、認知症が確認されたHと、健康なEの二人の修道女の文章があがっていますが、たとえば、こうです。

H　お父さんの○○は、アイルランドのコーク州、ロスという町で生まれました。いまはオークレアで板金工をしています。

E　父はいろんな仕事を手広くやっていますが、中心になっているのは大工仕事です。それは母と結婚する前からすでにやっていたことです。

H　子どもは一〇人で、男の子が六人、女の子が四人です。二人の男の子は死んでいます。

E　私にはすでに兄と姉がいましたが、家族はしだいに増えて、八人きょうだいになりました……私が四年生のとき、死がわが家に忍びより、私がとりわけかわいがっていた弟のカールを、生後わずか一年半で奪っていきました。カールは三週間苦しみつづけ、聖金曜日の早朝に「天国」に召されました。司祭は復活祭の前に葬儀を行なおうとしましたが、私は、両親がそれに同意しないよう望み、祈りました。なぜなら弟は聖金曜日に亡くなったので、復活祭の日曜日までは、まだ私たちといっしょにいると思ったからです。葬儀は月曜日の朝に行なわれ、家族はみんな隔離されていましたが、私だけが参列を許されました。

H　私はほかのどんな仕事よりも、音楽を教えることが好きです。

E　私はいま、「聖霊の小道」をさまよっています。ですがあと三週間もすれば、清貧、貞潔、従順の神聖な誓いで花婿と結ばれ、その足跡をたどることになるでしょう。

この研究では、自伝を調べた九十三名中、七十四名の脳の解剖が終わっていた時点で、意味密度からアルツハイマーのリスクを予測する正確さは約八十パーセントという驚くべき精度だったそうです。

言語分析に意味密度と文法的複雑さを用いることを提案したのは、老化が言語機能に及ぼす影響を研究している言語学者のスーザン・ケンパー博士だったそうですが、あるとき若い父親であるひとりの研究者が、博士に「(言語能力を養うのに)子どもにはどうしてやればいいんだろう?」と尋ねます。

「読みきかせですね」が、博士の答でした。「語彙力と読解力を高めるには、子どもが小さいうちから本を読んで聞かせるのがいちばんなんです」「簡単なことですけど、それは親が子どもにしてやれることのなかで、いちばん重要です」と。

わたしたちは、将来の認知症を予防するために、本を読み聞かせるのではありません。読んでいるとき、そのときのたのしさが第一。でも、その結果が、子どものことばの力を育てることにつながっているのは間違いありません。そして、そのことばの力が、人生のどの段階でも、健康で、豊かな精神生活の支えになってくれていることは確かでしょう。『100歳の美しい脳』は、それが、老齢になったときも力を発揮していることを教えてくれました。

子どもとともに本を読んでたのしい時間をすごすことが、生涯にわたるよい影響を及ぼすとしたら、愛する子どもたちとそうした時間をもつことをためらう親はいないでしょう。保育士も教師も、子どもとすごす時間の一部を読み聞かせに用いてくださるでしょう。

生涯の終わりまで人を支えつづけることばの力は、幼い日、若い日に育てられます。そして、本は、読んでもらっても、自分で読んでも、わたしたちのことばを育ててくれます。

「子どもたちにことばの力を！　子どもたちに本を！」が、わたしの変わらぬ願いです。

引用文献

51頁『子どもと本』(岩波新書)　松岡享子著　岩波書店　二〇一五年
60頁『「ことばの知恵」を超えて——同行三人』　高史明著　新泉社　一九九三年
64頁『白夜に紡ぐ』　志村ふくみ著　人文書院　二〇〇九年
67頁『子どもとことば』(岩波新書)　岡本夏木著　岩波書店　一九八二年
『ことばと発達』(岩波新書)　岡本夏木著　岩波書店　一九八五年
75頁『イメージと人間——精神人類学の視野』(NHKブックス)　藤岡喜愛著　日本放送出版協会　一九七四年
『イメージ——その全体像を考える』(NHKブックス)　藤岡喜愛著　日本放送出版協会　一九八三年
77頁『しなやかさというたからもの』　国分一太郎著　晶文社　一九七三年
『ちちははのくにのことば』　国分一太郎著　晶文社　一九八二年

84頁『100歳の美しい脳——アルツハイマー病解明に手をさしのべた修道女たち』
デヴィッド・スノウドン著　藤井留美訳　ＤＨＣ　二〇〇四年

参考文献

『日本語　実用の面』
中野重治著　筑摩書房　一九七六年

Ⅲ よい読者を育てる

この講演は、二〇一五年十月十七日、「新潟子どもの本を読む会」と新潟県立図書館との共催で、新潟県民会館大ホールで行われました。その音声記録をもとに、編集部でまとめました。

ご紹介に預かりました松岡でございます。今朝はホテルで、いつもより一時間ほど早く、五時半くらいに目がさめました。みなさんは今日をたのしみにしてくださっていたかもしれませんが、わたしは目がさめたとたんに憂鬱な気持ちになりました。ここ何週間のあいだ、申しあげることのアウトラインを考えていたのですが、今朝、目がさめてみますと、それがひどくつまらないことのように思えたのです。床のなかでしばらくぼんやり考え、「もういいわ、考えたことは考えたこととして、そこから離れてもいいから、今日は少しくつろいでお話ししよう」と決めて寝床から起きました。

『子どもと本』について

先ほど、司会の方がご紹介くださいましたように、わたしは、今年の二月に岩波書店から『子どもと本』(岩波新書)を出していただきました。これはちょっといわくつきの本でして、お誘いいただいたのが一九八五年のことで、もう三十年も前なのです。そのときは図書館の仕事も忙しくて、まったく余裕がなかったのです。ところが岩波書店では、この企画がつぎの担当者にも引き継がれました。三人目に引き継いだ方がたいへん熱心な方で、二〇〇八年の、当館主催かつら文庫五十周年記念講演会にお出でになって、その帰りに会場で、「あなたの新書の計画があるのだけれど、まだ実現していません。この際よく考えてください」とおっしゃったのです。それから本格的にはじまり、かつら文庫五十周年から数えましても足かけ七年くらいかかりました。四人の編集者がつぎつぎにバトンタッチして、やっとできあがったのです。

時間がかかったからといって、よい本だとはいえないと思いますけれども、わたしとしては、みなさんに申しあげたいことは、本のなかに一所懸命書いたつもりです。ですから、いわば自分のお鍋のなかにあるスープを全部かき出したあとで、こういう機会がやってきますと、ほとんど空になったお鍋をまた引っかきまわすようなことになりまして、それで憂鬱な気持ちになったのだと思います。

すでに『子どもと本』をお読みくださった方もあると思いますけれども、この本は架空の講演会を五回開いたという形で書いています。あまりむつかしい本にしたくないという気持ちがあったので、子どもの本にものすごく関心があるわけではないけれども、まったくないわけでもないという方を目の前にしてお話しすると、どういう形になるだろうと考えながら書きました。

全体は、五章にわかれています。一章は、わたし自身がどうやって本に助けられてきたか、どんなふうに本をたのしんできたかを半自伝風に書きました。わたしの読書歴のような章です。子どもにとっての読書の意味を、論としていうのではなく、ひとりの人間がどう本をたのしんできたかをたどることによって受け取っていただけたらよいと思っています。

二章は、主に学校にあがる前の子どもたちを中心に、家庭でどんな本を紹介してくださったらいいかを書きました。こういう仕事をしていますと、いろいろな方から、子どもを本好きにするにはどうしたらよいですかという質問を受けます。そのときにわたしがお答えすることをまとめて書きました。ですから、今日の演題の「よい読者を育てる」に多分に重なることが書かれています。

三章は、昔話のことを書きました。わたしが五十年間仕事をして学んだ最大のことは、昔話が子どもたちにとってどんなに大事かということでした。昔話は、子どもの文学としても、人類の文学としても、いちばん基になるものではないかということを一所懸命書きました。

どの国の昔話にも、はじまりがあって、真ん中があって、真ん中では多少冒険的なことや恐ろしいことが起こりますけれども、たいていの場合は助けてくれる人が出てきてそれを解決し、最終的にはめでたしめでたしで終わるという、決まりきったパターンがあります。そういう形の決まった昔話をくり返し聞くことで、物語というもののパターンを習得する。それを意識的に学ぶのではなくて、物事が流れていく形がなんとはなしにわかってくる。本にはくわしく書きませんでしたが、自分自身をひとつの物語として人生を生きていくと考えたときに、そのパターンの感覚をもっていることがとても大事だと思うのです。

昨日、「新潟いのちの電話」のお世話をしていらっしゃる眞壁伍郎先生とお会いしてお話ししました。先生は、「いのちの電話」にSOSの電話をかけてくる方たちに、自分自身のことをことばにして語れないために問題のなかから出てこられない、自分自身の物語を紡げない人がいると感じるとおっしゃっていました。

わたしたちは物事を、必ず物語にして受け止めているらしいのです。それも無意識のうちにやっている。作家の井上ひさしさんがおもしろいことを書いています。* 新聞に事件の犯人が見つかったというニュースが出ると、なんとなくほっとする。それは、犯人が見つかったからよかったということだけではなく、どういう動機やいきさつで犯罪が起きて、それがどういうことだったかが解明される見通しがついたことへの安堵を、人は感じているのではないかというのです。人間は、なんでもかんでも物語にしなければ気のすまないところがある。というのも、わたしたちは自分自身の先行きが全然見えない不安から逃れるために、もう終わってしまった物語をたくさん参照しなければならないからです。物語をつくる人が特別に作家として大事にされるのはそういうところにあるのだろうと井上氏は書いています。

自分自身の物語を紡ぐためには、物語のパターンを自分のなかに蓄えておかなければならないわけで、昔話はそれをさせてくれます。それはとても大事なことだと思っています。

四章は、選ぶことについて書きました。東京子ども図書館では、ほかの図書館にくらべると非常に丁寧に本を選んでいると思います。本を読むことは基本的にはよいことですが、今出版されている本のすべてがよい本だとはいえないわけです。短い子ども時代にたくさんの本を読めないとしたら、子どもたちにはできるだけよい本に出会ってほしい。ですから、選ぶことについてかなりくわしく書きました。

五章では、主に図書館の問題を書きました。子どもたちをよい読者に育てるためには、家庭や個人の力だけではどうにもならない。社会が全体として子どもの読書環境を整えていく必要があります。わたしは図書館という場に身をおいて、その問題について長年考えてきましたので、それについて書きました。

以上のように、申しあげたいことは、この『子どもと本』に書きましたので、お気持ちのある方はそれを読んでいただくことにして、今日は、本を書いてからあとにわたしの身辺で起こったことを織りまぜながらお話しします。

わたしどもの図書館には大テーブルという、文字通り大きなテーブルがあります。そこで仕事をしたり、おしゃべりをしたり、お弁当も食べますし、お茶も飲みます。また、選書の会――「本の会」と呼んでいます――もしますし、定例の会議もいたします。その大テーブルにみなさんをお招きして、わたしのおしゃべりを聞いていただくような気持ちで、今日はお話ししたいと思います。みなさまもどうぞくつろいでお聞きください。

子どもたちの変化

今週の月曜日は体育の日でした。テレビのニュースを見ておりましたら、子どもの体力は一九八五年がピークで、それからあとは低下の一途をたどっていたのが、ここ数年少しだけもち直しているそうです。ニュースのことばでは、「ゆるやかな向上傾向にある」とありました。体力といっても、五十メートル走とソフトボール投げの、いってみれば運動能力を見た結果らしいのですが、それが少しずつよくなっているそうなので、いい兆しがあるとうれしく思いました。

子どもの体力について、わたしは前から関心がありました。一九七九年に、日本体育大学教授でいらした正木健雄先生が、『子どもの体力』*という本をお出しになりました。ふだんはそういう本をあまり手に取らないのですが、ちょうどそのころ子どもの本の読み方の変化がわたしの心を深く悩ませていたので、そのことに関係があるかと思い、読みました。

正木先生は、子どもの体力低下に警鐘を鳴らさなくてはいけないと書いていらして、背筋力が弱くなっていることと、精神的に疲労していることの二つを挙げていました。先生のご本のことばを使えば、「軀幹《くかん》筋肉の弱化」と、「大脳の活動水準の低下」です。これは、その少し前から家庭電化製品が普及して家事労働が減り、子どもがお手伝いをしなくなる上に、外遊びもせず家のなかでテレビを見てすごす時間が増えたことと関係があるそうです。筋肉を使うと、筋肉から大脳へ刺激がいくのが、体を使わないでじっとしていると、筋力も低下しますし、大脳に刺激がいかないので大脳の活動水準もだんだんに低下してくる。それに加えて、テレビばかり見ていると、聴覚と視覚に同時に大量の刺激がいくわけで、それが一定の刺激量をこえてしまうと、大脳の神経細胞が自動的に抑制反応――「保護抑制」というそうです――を示して、要するに自己防衛が起きてしまって、大脳の活動水準が低下すると書いてありました。

それを読んで、わたしはさもありなんと思いました。わたしがアメリカで児童図書館員として最初の一歩をふみ出したのが一九六二年です。帰国後、一九六四年から六六年にかけて三年近く大阪の市立図書館で働き、一九六七年に自宅に松の実文庫を開きました。この十年くらいの期間は、わたしが児童図書館員らしい年月をすごした、つまり本を読む子どもたちとともにする時間がいちばん多かった時代です。そのあと東京子ども図書館を設立してからは、お話の講習会を開いて語り手を養成するなど運営に力を注ぐようになったので、児童室で子どもと一緒に本を読む機会はほとんどなくなりました。ですから、一九六〇年代と七〇年代の前半が、わたしの児童図書館員としての現役といわれる時代でした。

その十年足らずのあいだに、子どもたちの様子にものすごい変化が起きたのです。それは終わってしまったことではあるのですが、当時、わたしが仕事をはじめてほんの五、六年くらいしかたっていないにもかかわらず、最初のころに本を読んでいた子どもの様子とあまりに違ってきたことにショックを受けて、いろいろなことを考えはじめました。

それは何かというと、ひとことでいってしまえば、昔の——といってもほんの五、六年前ですが——子どもたちほど、たのしんでいないのではないかという気がしだしたのです。たとえば、わたしの文庫の「おはなしのじかん」に、二階の和室でお話をしていると、前は、おかしい話を聞いてのけぞった子が、和室の畳の上をごろごろ転がっていき、壁につきあたってまたごろごろ戻ってきて、起きて、お話を聞くなどということがありました。そういうことがほんの数年のあいだに見られなくなりました。また、わたしの目を見ないでお話を聞く子どもが出てきたのもショックでした。

ほかにも、たとえば『エルマーのぼうけん』や「ドリトル先生」のシリーズにはつづきがあるよといっても、それを借りていかないのです。昔の子どもだったらすぐに手を伸ばしたのに。また、「これはどんな本?」と聞くから、少し内容を話しておもしろいから読んでごらんというと、本の裏表紙に貼ってある袋からブックカードを出して、「あれ、ぼくの名前が書いてある、これは前に読んだみたい」などというのです。一度読んだ本を忘れていられるものかとひどくショックで、いろいろ考えました。

そして、児童図書館員歴十年にして、わたしに大きな転期が訪れました。それまでは、全関心が本にありました。どんな本がおもしろいのか、どういう本を選んだらいいのかと、本のことさえ勉強していれば、本を読んだあとに子どもがそこから受け取るものについてはまったく心配していなかったのです。読んだら読んだだけのことが必ずあると信じていたものですから。

その時分、石井桃子先生のかわりにいろいろなところに講演に行かされて、ことに広島県では、全県の婦人会館に幼児コーナーをつくって子どもに本を薦めようとしていたので、広島から山奥のへき地にいたるまで、何ヵ所も訪ねて講演しました。そのとき申しあげたのは、「とにかく子どもに本を読んでやってください」ということばかりでした。

ところがほんの数年のあいだに、同じ本を、片やおもしろがって読んだのに、するっと読みすごしてしまう子どもが出てきました。それはなぜかを考えると、本は変わらないですから、子どもの読み方が違ってきたとしか考えられないわけです。なぜそうなったのか、わたしの関心が本から読者である子どもへと大きくシフトしたのが、仕事をはじめて十年目くらいのことでした。わたしは現在まで半世紀くらい仕事をしていますが、最初の大きな転換がこのときでした。

わたしは、先ほどお話しした正木先生の本などを読んで、あの時代の急激な生活の変化が、子どもの体には背筋力の低下という形で表れてきたけれども、本を読むという面では、子どものことばの力に影響しているのではないかと考えました。それがわたしのたどりついたひとつの結論です。

わたしたちは、「よい本」というものが世の中にあるように思いこんでいます。けれども、本を読んだことによって、その人のなかに何かよい変化が起きたときに、その本がその人にとって「よい本」になるのであって、そういう読み方をしない人にとっては、同じ本も「よい本」ではない。たとえば、ある人は、その本を読んで感動するかもしれないし、自分が常々悩んでいたことに対する答えが見つかって安堵するかもしれない。あるいは、ほかの人も自分と同じように感じているのだと慰められるとか、世の中にこういう人がいるのか、わたしもこうなってみたいという憧れのようなものを育てられるとか、あるいは文章が快くて声に出して読むと気持ちがなんとなくうきうきしてくる等々、なんでもいいのです。

本がある人の創作である場合、作者は心のなかにあるイメージや思い浮かんだ物語を、できるだけ相手によくわかってもらえるように、ことばを選んで書きます。まず、作者のなかにイメージがあって、それがことばによって表現され、それが本になって読者のところにいくわけです。読者の側からいえば、作者が著したことをことばから汲み取ります。本に書かれていることばに触発されて、自分の心のなかにいろいろなイメージを思い浮かべる。そのことが「読む」ことの内実です。

ある人がある本をおもしろいといいますが、もしその人がその本をおもしろがらなければ、その本はおもしろい本ではないのであって、本を通してその人が自分で描いたイメージが、その人にとっておもしろいということなのです。つまり、ことばの背後にどういうものを思い浮かべるかということが、本のたのしみ方の大きな部分を占めるわけです。

わたしは、子どもが、前ほどたくさんのことを、ことばから描き出していないことが、本の読み方の弱まりの原因ではないかと考えました。これを、わたしは「ことばの目減り」と呼んだこともあります。それは正木先生が体力でおっしゃったこととまったく同じです。以前だったら、自分の感覚や自分の運動神経を通してことばを憶えていったものですが、そういう体験をまったく経ずにテレビを通してたくさんのことばを憶えてしまうと、ことばそのものがもっているその子にとっての意味がだんだん軽くなってくる。

そのころ、ある作家が自分の子どもを初めて海につれていったら、「ああ、前にテレビで見たよね」といわれてショックを受けたと新聞のエッセイに書いていました。初めて海につれていってもらった子が、「これが海だよ」といわれたときには、その子は海の匂いもかいでいるだろうし、海から吹いてくるちょっとねとねとした風も皮膚で感じているだろうし、夏だったら足の下の焼けた砂の熱さも感じるでしょう。そういう五感を通しての感覚がことばと結びついて、子どものなかに「海」ということばが入っていくわけです。

そうしてことばを憶えれば、本で「海」ということばを見たときに、蓄えた感覚が一緒に蘇ってきます。ところが、感覚や運動神経を介在させないでたくさんのことばが入ってくると、子どもたちのことばの力は目減りしていくことにつながると思います。

さらに高度成長期と重なって、教育熱心な家庭では、子どもにあれも教えようこれも教えようと、塾に通わせたりバイオリンを習わせたり、スイミングスクールやそろばん教室や書道教室にやったりするようになりました。子どもはものすごく忙しくなって、読後にぼんやりする時間がほとんどなくなってしまいました。ことばの目減りによって本から得るものが少ない上に、それを反芻して空想したり自分のなかで血肉化したりする時間がないために、子どもは本をするっするっと読んでしまって、ああこれを読んでいたのかと、自分でびっくりするぐらい忘れることになったのだろうと思いました。

一方で、その時期は、今日本の子どもの本棚を埋めているおもしろい本がたくさん出たときでもあります。一九六〇年代には、『ぐりとぐら』『スーホの白い馬』『だるまちゃんとてんぐちゃん』が出ていますし、『いやいやえん』『エルマーのぼうけん』『長くつ下のピッピ』や、『点子ちゃんとアントン』や「ドリトル先生」のシリーズも出ました。こういった本が出たばかりのときに手にした子どものように興奮して読まなくなったということが七〇年代になると起こってきたものですから、それ以後は、ただ「本を読んでください」ということはなくなりました。子どもたちが体験を通して、自分の五感や運動神経を働かせてことばを受け取れるように、できるだけいろいろなことにふれる機会をつくってやってください、一日二十四時間、一週間の七日全部をお稽古ごとで埋めないで、どこかに隙間をつくってあげてください、ぼんやりする時間をつくってください、それが本を読むことにとても大事なのですよ、と訴えるようになりました。

もうひとつ、子どもがことばを獲得するプロセスについても興味をもって学んでいました。それについては、『子どもと本』のなかに、京都教育大学教授でいらした岡本夏木先生の『子どもとことば』*を引用して書きましたので、お読みになっていただくとよいと思います。

岡本先生がおっしゃっているいちばん大事なことは、人間関係を通して、ことばは育っていくということです。人と関わらないところでことばは生まれないのです。たとえば、生まれたばかりの赤ちゃんをお母さんが抱いて授乳をするときにじっとその子の目を見る、するとその子がお母さんの目をじっと見る、そうやって眼差しがまじわり合うことが、実はことばのいちばんの土台になるそうです。

それから、子どもがことばをいわない時期――「ことばの胎生期」に、何が起こっているかについても、先生はちゃんと書いてくださっています。そのときに子どもがしてもらいたいことや、いいたいことがお母さんにわかってもらえるという体験が、ことばの土台にある。養育してくれる者と赤ちゃんとのあいだに気持ちが通じ、赤ちゃんは自分のいうことをわかってもらえるという感覚を育てて大きくなる。気持ちの上で橋がかかっていると、その橋の上をことばが行きかいするようになる。その橋をつくらなければいけないとおっしゃっています。それはたいへん大事なことですが、生活が忙しくなると、お母さんがゆっくり子どもを見ていられないということが影響してくると思うのです。

ですから、どうぞ子どもをかわいがってやってください。子どもが何かいいたそうにしていたら、聞いてやってください。あなたが子どものいうことを聞いてやってくださらないと、子どもはお母さんのいうことを聞けなくなる、ことばが聞けなくなるのですからと、一所懸命申しあげて、何年かすごしてきたわけです。

しなやかな体

わたしどもの図書館の評議員（当時）に石田房枝さんという小児歯科のお医者様がいらっしゃいます。とてもバイタリティにあふれたおもしろい方で、お歳はわたしより五つ六つ下です。その方が仕事をはじめたときは、子どもの歯の問題は「虫歯」だったそうです。四十年たった今は「不正咬合《こうごう》」といって、ちゃんと噛み合わないことが大きな問題になっているそうです。それはなぜかというと、顎《あご》が十分に発達しないので、歯の生える場所が確保できないためです。それに気づいた石田先生は、大学院に入り直して、顎の発育について研究しました。生まれたばかりの赤ちゃんから、お口の型を採らせてもらって、それが三ヵ月後、六ヵ月後、一年後にどのように発育していくかを調べたそうです。下顎は生まれて一年半くらいのあいだにできてしまうそうで、その時期は人間がことばを憶える一年半とほぼ重なるのです。

石田先生とは、二〇〇七年に対談し、その内容は当館機関誌「こどもとしょかん」一一五号に「よく噛む子・よく読む子」と題して掲載しています。とてもおもしろいので読んでいただけるとよいと思うのですが、このときにすでに今申しあげたことをおっしゃっています。

上顎は頭蓋骨にくっついているので、それなりに大きくなるのですが、下顎は使って大きくしなければならない。下顎が発達しなくて歯がちゃんと生えないと、体に影響を与えることがわかっています。歯がきちんと噛み合わないと、呼吸がしにくくなるとか、免疫に関係のある唾液の分泌が少なくなるとか、いろいろな問題があるそうです。それから何年か大学院で研究をするうちに、生まれた子どもの下顎がちゃんとするためには、お母さんのお腹のなかにいるあいだに、その準備ができていなければいけないということがわかってきました。

今は産婦人科の先生と協力して子どもの歯や顎について取り組んでいらっしゃいます。今まで小児歯科はあったのですが、赤ちゃんは歯がないので歯医者さんには関係ないと思われ、「赤ちゃん歯科」はありませんでした。石田先生は「赤ちゃん歯科ネットワーク」を立ちあげ、会誌をおつくりになって、そこに座談会の記事を載せたいということで、わたしのところにいらっしゃいました。それで、この夏の終わりに、わたしの山の家で座談会を開いたのです*。

メンバーは、石田先生と、先生と協力して仕事をしていらっしゃる助産師の吉田敦子さんと、歯科衛生士の中田かず子さん、それからわたしと、当館の評議員で東京大学大学院農学生命科学研究科教授の髙橋伸一郎先生も加わりました。髙橋先生は、動物の成長・成熟・代謝・老化に関係するホルモンの研究に携わっておられる方で、子どものころ、かつら文庫に通っていたものですから、わたしどもは「しんちゃん」と呼んでいます。

座談会で聞いた話は、わたしにとってショッキングなことでした。石田先生の歯の話は

前から聞いていましたし、当館でお母様方にお話をしていただいたこともありましたから
だいたいわかっていましたけれども、助産師の吉田さんが、近ごろの赤ちゃんの体の変化
についてされた話には驚きました。

つい先日、NHKのテレビ番組「クローズアップ現代」(二〇一五年十月五日放送)で、
日本人女性の八人にひとりは痩せすぎており、その割合は戦後最多を記録。なかでも二十
代女性の平均摂取カロリーは食糧難だった終戦直後を下まわることがわかり、次世代の子
どもにも影響があるという話があったのをご覧になった方もいらっしゃると思います。

浜松医大の先生の調査によりますと、妊婦さんのうち骨盤が狭い――骨盤が狭いのを「類
人猿型」というのだそうです――類人猿型の割合が一九六〇年に八パーセントだったのが、
二〇一二年には半数近くなっているという結果があるそうです。類人猿は四足歩行で、人
間は二足歩行です。四足歩行のときの骨盤はそれほど広くなくても大丈夫だそうですが、
立ちあがって二足になると、体重を支えなければならないので、骨盤が広がらなければな
らない。骨盤は、運動して筋肉が発達して筋肉が引っ張られることで少しずつ広がってい

くので、思春期までにその形はできてしまって、それ以降は広がらないそうです。骨盤が広がらないと、子宮が狭くなってしまう。しかも背筋力も腹筋力も低下しているということで、子宮をちゃんと支えることができない。

先ほどお話しした正木先生は、子どもの体力測定をつづけていたけれども、背筋力の測定は一九九五年でやめたそうです。背筋力の測定というのは、みなさんのなかでお歳を召した方はしたことがあると思いますが、下にある取手をつかんでぎゅっと引っ張るテストのことです。そのテストをすると、あとで腰が痛くなる人が大勢出てきたので、文科省のテストからはずされたそうです。それまでの背筋力のグラフは急カーブをきって下がっています。そこから先をシミュレーションすると、どれだけ背筋力が弱くなっているかわからないくらい弱くなっているそうです。助産師さんがおっしゃるには、寝ている赤ちゃんを下におろすときにドンっとおろす人がいて、なんて乱暴だと思っていたそうですが、よくよく考えてみたら、ゆっくりおろすためには背筋力がいるのです。背筋力がないために、赤ちゃんをドンっと落とすお母さんが多くて、赤ちゃんがびっくりして泣きだすことがあるという話をされました。

胎児は子宮のなかにいるとき、本来ならば頭が大きくて足のほうにまるくなっているわけですが、狭い子宮だとそういう形がとれないことが多い。まるくなっているとそこに隙間があるので、いろいろなことができる。指しゃぶりもできるし、ごっくんと飲みこむ嚥《えん》下《げ》や、ちゅうちゅう吸う練習もしているし、足を動かす練習もしている。生まれて一年半くらいのあいだは、羊水のなかでしていた動作を重力のある空間でするという、いってみれば子宮のなかの名残みたいな時期だそうです。ところが、そういうことができない子どもがいて、助産師さんが生まれたばかりの赤ちゃんを抱き取ったときに、すでに体がこわばっていて、柔らかくない子どもがいるのだという話をなさいました。それを聞いて、わたしはほんとうにびっくりしました。

狭い子宮のなかで窮屈なまますごして、首が少し傾いたまま生まれてくると、授乳のときにお母さんと目の合う位置に目がいかない赤ちゃんもいるそうです。ことばの土台には眼差しをかわすことがあるのですが、それができないというのは恐ろしいことだと思いました。でも、ありがたいと思ったのは、そういう赤ちゃんでもさすったりなでたりしていると、どんどん体が柔らかくなってくるのだそうです。

助産師さんの話を聞いて、ことばの問題だけでなく、子どもの体の問題もとても大事なことだと思い、わたしのキャリアの第二の大きな転換点がまたきたのかなと思うくらいでした。わたしたちは、ことばというと知的活動で、体とは別物のように考えがちですが、体あってのことですよね。このとき助産師の方が、「したいことができるしなやかな体があって、つぎの意欲が生まれる」とおっしゃったことが耳に強く残りました。ことばを学ぶ意欲も、身のまわりに対する好奇心も、そこから生まれてくるわけです。たとえば、体が発達していないのに、椅子みたいなものに無理に座らされて、首が座らないのに座ったようになっている状態の赤ちゃんは、首から背中にかけてものすごくこわばっていて硬いものだから、何かを見ても手を伸ばしたりしないのだというお話をうかがい、ほんとうに恐ろしいことだと思いました。

ネットワークづくり

したいことができるしなやかな体があって初めてつぎのことをしようという意欲が生まれるというのは、これまでいろいろな方が育児書などでおっしゃっています。そう考えてきますと、子どもはまるごとひとりの子どもですから、ことばはことば、読書は読書、運動は運動、健康は健康というふうにズタズタに切ることはできない。わたしも歯医者さんのお話を聞いたり、助産師さんや歯科衛生士さんのお話を聞いたりすることで、学ぶことがたくさんありました。ですから、わたしたち図書館員は、子どもに関わる仕事をしていらっしゃる人と協力することが大事だと思いました。子どもに関わる人と協力するネットワークをつくっていかなければいけないと痛切に感じます。

たとえば、「わたしは児童図書館員で子どもの読書を担当しておりますので、ブックスタートで三歳児健診のときに子どもに絵本を読みに行きますが、子どもが硬い体をして心地悪げにしていようが、そこで絵本を読めばわたしの仕事は終わりです」というような図書館員は、あまりいてほしくないと思います。子どもに絵本を読むのであれば、そこにいる子どもや赤ちゃんをよく見て、もうちょっと楽に、もうちょっとニコニコ笑えるような状態になるように、図書館員も何かしなくてはならないと思うのです。

子どもを育てるために、お母さんがものすごく神経質になっているのが、今の状況です。「ご飯を食べてくれない」というにも「今朝は四十グラムしか食べませんでした」といってくるお母さんは、いちいち測っているに違いありません。「離乳食はぜんぜん食べてくれないのに、三歳上の子どものお茶碗に入っているものを、つかんで食べてしまったのですけれども、よろしいでしょうか」という電話がかかってきて、「あら、それはよかったわね」というと、それだけでお母さんが泣きだしたとか、いろいろなことがあるそうです。

当館の児童室でも何かいうと、すぐに涙ぐむお母さんがいらっしゃいます。お母さんはいつも最上のことをしようといっぱいいっぱいになってしまって、ゆとりがなくなっているのです。その助産師さんがおむつを替えながら「ばっちいのとれて、きれいになって気持ちよかったね、ああよかった、よかった」と赤ちゃんに話しかけていると、お母さんから「日本語もわからない子どもに、どうしてそういうふうにしゃべるのですか」と真顔でいわれてびっくりしたという話も聞きました。そのお母さんはマニュアルを見て、おむつの替え方を学んでいらっしゃるものですから、おむつをあてたときには指二本の隙間が入らなければならないということばかり考えていて、子どもに話しかけることができないくらい緊張しているのだそうです。そういうことを聞くと、ほんとうに気の毒になります。なんとかしてお母さんが、子どもを育てるのはたのしいことだと感じてほしいと思います。

岩手県遠野地方のことわざに「孫ぁ生まれるずど、その家さ馬鹿ぁ三人出る」というのがあります。赤ちゃんがいると「ベロベロバー」などといってあやすではないですか。それを第三者が見ると実に馬鹿みたいに見えるから、赤ちゃんが生まれるとその家に馬鹿が三人出るということわざが生まれた。それは、ひとりの赤ちゃんに、少なくとも三人はかまう人がいるということですよね。

今のお母さんが孤立して、子どもを育てることを苦にしているようであれば、助けることができないかと思うのです。たとえば、図書館から三歳児健診の場に行って絵本を読むときには、ただ絵本を読んで帰ってくるのではなく、お母さんの話をひとことでも聞いて、少しでも気が楽になるようにしてあげるとか。「わらべうたの会があるから図書館に行ってごらんなさい、赤ちゃんが喜ぶかもしれませんよ」と保健師さんや助産師さんが薦めてくれたらどんなにいいか。図書館でも、子どもの本は児童室、育児書はおとなの本棚に分類に従って並べるのでなく、育児書の何冊かを赤ちゃん絵本の横に置いて、もっとお母さんの目にとまるようにするなど、お母さんを助けないといけないのではないかと思います。なんとか実質的なネットワークをつくって、みんなで協力して、ひとりの子どもがまるごと健康でしなやかな体をもって育ち、愛されて気持ちのつながる関係をもち、その上にことばを憶えて初めて、よい読者のいちばん基になるものができるのではないかと思います。

そのことに関連して、アメリカのハートフォード中央図書館で体験したことをお話しします。わたしの友人がコネチカット州のハートフォードに住んでいて、二年くらい前に訪ねました。彼女は地元の教育委員や図書館協議会の議長をしているものですから、「改装後のハートフォード中央図書館を見にいってください」といわれて、行ってきたのです。

以前は、児童室Children's roomといっていたのが、家族室Family roomとなっていて、ご両親も子どもも一緒に本を見る部屋となっていました。もちろん、赤ちゃんを連れたお母さんがゆっくりできるコーナーもありました。それは、子どもをよくしようとしたら、子どもを育てているお父さんやお母さんと協力しなければならないという考えの、ひとつの表明ではないかと思うのです。

話が長くなりますけれども、ハートフォードにはいろいろな国からの移民がいて、とくにベトナムからが多いそうなのですが、外国から来た人たちが定着してアメリカ市民になるためのサービスを図書館全体で徹底してやっているのです。ベトナムに関連する書架が何段もあるなど、市内の外国系の人たちのために本を置いています。児童室のなかには「ミニミニハートフォード」という市のミニチュア模型があって、子どもがそこで遊べるようになっています。小さな果物などが置いてあって、お金のやりとりをして遊ぶとか、バスの発着所や銀行があって、ミニ体験ができるようにしてある。

そこの室長さんが滔々《とうとう》と説明してくれたところによると、移民の子どもたちは、英語が母語でないためにハンディキャップがあってなかなか成績が伸びない。小学校三年生と四年生のあたりが、国語の力が伸びる人とドロップアウトする人との境目なのだそうです。だから、そこにいくまでになんとかして英語の力をつけなければならない。そのために「ミニミニハートフォード」をつくったというのです。彼女は、学校についていけなくてドロップアウトした人が十五歳になったときに犯罪を犯す率は何パーセントなど、つぎからつぎへと数字を挙げて説明してくれました。わたしは感心して、「そんなにたくさんの数字をよく憶えていられますね」といいましたら、「ミニミニハートフォード」を図書館のなかにつくるために、企業をまわってデータを示して寄付をお願いしたそうです。だから全部を空で憶えてしまったというのです。彼女は嬉々としてそういうことをやっているのです。おそらく日本には、「ミニミニハートフォード」のようなものをつくるために、企業に出かけていくというすごい図書館員はいないと思うのですが……。

それから、韓国のヌチナム図書館にも、朴英淑《パクヨンスク》さんというバイタリティのある素晴らしい女性の館長さんがいます。そこもはじめは子ども図書館として出発したのですが、館の部の床にオンドルの入った温かい場所があって、授乳したりおむつを替えたり、お母さんどうしで話せるコーナーをつくっています。そういう動きが海外では出ています。

日本でも、「図書館でございます」と縄張りみたいにしていないで、子どもをみんなで一緒に育てていく体制をとらなければならない。子どもをよい読者に育てるためには、基になる体も心も、本を読む準備ができるようなしなやかさをもって、つぎに意欲が伸びていくように心を配る必要があるということを、まずはみなさんに申しあげたいと思ったことでした。

読者とは

「読者」というのは、「読む人」ということです。そもそも「読む」というのはどういうことなのでしょう？　わたしは立ち戻って考えなければならないときには、ことばの語源がどこにあるかを調べることにしています。みなさまは大野晋さんという方をご存じだと思いますが、大野先生が亡くなられる寸前まで手を入れていらした『古典基礎語辞典』*が出ています。それで「読む」を調べました。すると、「よむ」は、一定の時間的間隔をもって起こる事象に用いて、ひとつずつ順番に数えていくということが原義らしいのです。万葉集に「時守《ときもり》の打ち鳴す鼓数《よ》み見れば時にはなりぬ逢はなくも怪し」という歌があって、水時計で時をはかっている時守という人がいて、時がくると鼓を鳴らす、その鼓を「数《よ》み見れば」――数えるという漢字で書かれています――、数えてみると、もう逢うべき時が来ているのに逢わないでいるのはちょっとおかしいという意味の歌で、たぶん恋人を待っているときの歌だと思います。同じく万葉集に「ぬばたまの夜渡る月を幾夜経《ふ》と数《よ》みつつ妹はわれ待つらむそ」というのがあって、夜空を渡る月を、幾夜たったかと数えて都の妻はわたしを待っているだろうという、これも妻恋の歌ですが、こちらも「よみつつ」は「数みつつ」と書いてあります。

つまり、ひとつずつ丁寧に数えながら声に出して読んでいくというのが、「読む」のいちばん基だったらしいのです。短歌も五七五と数えながら詠む。ほかにも、何十巻もある

『日本国語大辞典』の簡略版『精選版 日本国語大辞典*』にも、「よむ」は、「声に出してことばや数などを、一つ一つ順に節をつけるように区切りを入れながら（唱えるように）言う行為を表わすのが原義」とあります。ここに「唱えて相手に聞かせようとする」という語義が書いてあり、これはわたしたちのやっている読み聞かせのことだと思いました。

このごろ「読み聞かせ」というと、強制的に子どもに聞かせるように響くのであまりよくないから「読み語り」にしたほうがよいという意見もありますね。「読み聞かせ」はわりと最近のことばだと思っていたら、この『精選版 日本国語大辞典』に「よみきかせる」「よみきかす」と書いてありました。『蜻蛉日記』の「……もていでてよみきかするに、またいといみじ」という例文も引いてあって、千年前から「よみきかす」ということばが日本語としてあったのだとわかり、大いに意を強くしました。こういうのも辞書を引くことの、たのしみのひとつです。

英語の場合も read は、「声に出していちいち言う」からはじまっている。それから派生して、たとえば符号とか記号を読解するとか、目盛りを読み取るとか、象形文字を解読するとか、文章を解釈するとか、事態や空模様などの変化を察知するとか予測するとか、将来を占うとか、人の性格や動機や内にあるものなどを見抜くとか、顔色を読むというのもあります。また、その人の意図や意味などを推察する、行間を読むというのもあります。辞書を引くと「読む」から派生したたくさんのことばがあることがわかってきました。

今の世界には、ほんとうに読む人が望まれていると思います。つまり、ただ文字を読むのではなく、たとえば今起こっている社会の現象をよく見て、その将来を考えて予測するのも読むということのひとつの働きです。戦後七十年たって日本の社会が大きく変わっていくときに、そのことを深く考えて将来をよむのも、読む人のする仕事であろうかと思います。それだけではなくて、地球温暖化や宗教間の闘争など、世界がたくさんの問題を抱えているときに、それらの事象を通してわたしたち人類の将来をどういう方向にもっていったらよいかと考える人も、読者、読む人なのだと思うのです。「読む」ということばのなかには、そういうものが入っているだろうと思います。

つまり、世界は読者を必要としていると思います。百人の人がみな読者でなければならないことはないでしょうけれども、百人いるなかにひとりでもふたりでも、あるいは十人でも立ち止まって、読んで考えて将来を予測する、人の心を察知してその人によかれと行動することができる、そういう人たちがいなければ、この社会の将来がとても暗いものになると思います。

終わりに

わたしたちは、先ほど申しましたように、しなやかな体、しっかりしたことばの土台をいちばん底において、本と子どものあいだの仲立ちをして、子どもたちにおもしろい本を知らせる。できればわたしたちに許される範囲で、子どもたちが五感や運動感覚などを使って豊かなことばのイメージを蓄えることができるように助ける。それから、子どもたちを忙しく駆り立てないで、子どもたちのまわりに自由な空間をつくってやる。精神的な自由でもいいし、ぼんやりできる時間、その子がその子なりに使える時間、ほかからの刺激に相対するのではなくて、その子本来の内面的な働きのできる時間や空間を子どものなかにつくってやる。そういうことで、わたしたちができる小さなことがひとつでもふたつでもあるならば、それを一所懸命していくということが、わたしたちにとって大事なことだと思います。

はじめのごあいさつで、新潟子どもの本を読む会代表の野上千恵子さんがおっしゃったように、子どもたちの状況もそんなによくないし、子どもたちが育つ環境を考えてもよい状態とはいえないと思います。でもわたしは、体力に「ゆるやかな向上を見せた」というところにかすかに希望をつなぎたいと思います。

先ほどお話しした生命科学者の高橋伸一郎先生によると、どんな小さな生き物でも何か外界で変化が起こったときにはそれに対していろいろな反応が出るけれども、結局、その生物にとっていちばんいい均衡のとれたところに戻ってくるという働きが、細胞の単位からあるのだそうです。

たとえば木のいちばんてっぺんを切ると、そのすぐ下に生えていた枝が立ってきて元のきれいな形を整えるということをお聞きになったことがあると思います。胃癌などの病気にかかって胃を摘出なさった方も、前後の食道や小腸などを使って体全体がバランスのとれた状態になろうとする。ウィルスが入ってきて熱が出るのも、熱でウィルスを殺すことによって体の均衡を元に戻そうとする働きだそうです。人間だけでなくてどんな生き物のなかにも、そういう均衡を取り戻す働きが必ずあると髙橋先生は教えてくれました。そして、社会にもそういう働きがあると思うというのです。

一九七〇年代のあの激しい子どもの変化が今は見られなくて、わたしどものお話会にちゃんと目を見てお話を聞いてくれる子どもがいるというのは、あのときは初めて起こった変化だからものすごく揺れたけれども、それを少しずつ修復しようという動きが出てきたのではないか、そうだと願いたいです。

またそこへ、新しく電子メディアの問題が入ってきて、小児科の田澤雄作先生は子どもの脳が傷ついているというお話をなさっていますが、それもわたしたちが克服して、少しずつ社会がある意味均衡がとれるところに戻ってくるかもしれない。印刷術がはじまったときには驚いたかもしれないけれども、何百年ぐらいかたって、ある程度の落着きを取り戻したように。百年も待たないでほしいと思いますが、「体力がゆるやかな向上に向かっている」というのは、そういう希望の兆しではないかと思います。

わたしたちは、わかっていることで、こうであってはならないということは、いろいろな人と力を合わせてそうではない方向にもっていくようにしなくてはいけないし、そのためにも本を読まなくてはいけない。まずわたしたち自身が成熟した読者になる努力をつづけることによって、子どもたちにもよい読者になってくれるように願うことができるのではないかと思います。

今日はあまりきちっとしたお話ができなかったかもしれませんが、わたしが最近の数ヵ月に感じていることをお話しして責をふさぎたいと思いました。ご清聴くださいまして、ありがとうございました。

引用文献

99頁『お話について』（レクチャーブックス◆松岡享子の本1）
松岡享子著　東京子ども図書館　二〇二三年　七十六頁参照
102頁『子どもの体力』（国民文庫――現代の教養）
正木健雄著　大月書店　一九七九年
110頁『子どもとことば』（岩波新書）
岡本夏木著　岩波書店　一九八二年
114頁「座談会　『ことば』が生まれる土台としての『からだ』」
こどもとしょかん一四九号　二〇一六年　春
126頁『古典基礎語辞典』
大野晋編　角川学芸出版　二〇一一年
127頁『精選版　日本国語大辞典　第三巻』
小学館国語辞典編集部編　小学館　二〇〇六年

■ 著者略歴　松岡享子（まつおかきょうこ）

「児童図書館の基本を学ぶ出張講座
キャラバン in 新潟」講演会にて

1935年、神戸市生まれ。神戸女学院大学文学部英文学科、慶應義塾大学文学部図書館学科を卒業。米国、ウェスタン・ミシガン大学大学院で児童図書館学を学んだのち、ボルティモア市のイーノック・プラット公共図書館に勤務。帰国後、大阪市立図書館勤務をへて、家庭文庫「松の実文庫」を開く。1974年に石井桃子氏らと財団法人東京子ども図書館を設立、2015年6月まで同館理事長。その後、名誉理事長。

絵本、児童文学の創作、翻訳を多数手がける。創作に『とこちゃんはどこ』『おふろだいすき』『なぞなぞのすきな女の子』、翻訳に『しろいうさぎとくろいうさぎ』「ゆかいなヘンリーくん」「くまのパディントン」シリーズ、大人向けには、『えほんのせかい こどものせかい』『子どもと本』『ことばの贈りもの』（レクチャーブックス◆松岡享子の本2）他、語り手に向けた「レクチャーブックス◆お話入門シリーズ」等。2022年没。

東京子ども図書館は、子どもの本と読書を専門とする私立の図書館です。1950年代から60年代にかけて東京都内4ヵ所ではじめられた家庭文庫が母体となり1974年に設立、2010年に内閣総理大臣より認定され、公益財団法人になりました。子どもたちへの直接サービスのほかに、“子どもと本の世界で働くおとな”のために、資料室の運営、出版、講演・講座の開催、人材育成など、さまざまな活動を行っています。くわしくは、当館におたずねくださるか、ホームページをご覧ください。 URL https://www.tcl.or.jp

読者としての子ども（レクチャーブックス◆松岡享子の本3）

2024年7月30日　初版発行

著　者　松岡享子

責任編集　綿引淑美　**デザイン**　古賀由紀子
発行者　張替惠子
発行所 著作権所有　公益財団法人 東京子ども図書館
〒165-0023　東京都中野区江原町1-19-10
TEL 03-3565-7711　FAX 03-3565-7712
印刷・製本　磯﨑印刷株式会社

ISBN 978-4-88569-025-9